なるにはBOOKS
教科と仕事

理科の時間

学校の学びを社会で活かせ！

松井大助 著

ぺりかん社

理科の時間　目次

［装幀］図工室 ［カバー・本文イラスト］山田タクヒロ ［写真］松井大助

本書に登場する方々の所属などは取材時のものです。

プロローグ

理科が好きな人、得意な人へ

理科の学習であなたが身につけているものは？

理科が好きな人、得意な人がこの社会で発揮できる「強み」といえばなんだろう？

まずあげられるのは、頭の中に入れた「理科の知識」だろう。この本では、いろいろな分野で活躍《かつやく》している社会人を紹介《しょうかい》するが、そのみなさんもやりたいことのために理科の知識を活用していた。どんな知識の使い方があるのか参考にしてほしい。

理科を「楽しい」と思えることも、強みかもしれない。その根っこには「この世界のことをもっと知りたい」という好奇心《こうきしん》があるはずだから。理科の学習では、好奇心《こうきしん》を出発点に、まだ答えがわからないことについて自分で課題を設定し、仮説を立て、観察や実験で検証し、解決することにも挑《いど》んでいく。そうして培《つちか》った科学的なものの見方・考え方も、社会では大いに役立つことを、この本でぜひ感じてほしい。

■理科の学習で挑む課題の発見や解決

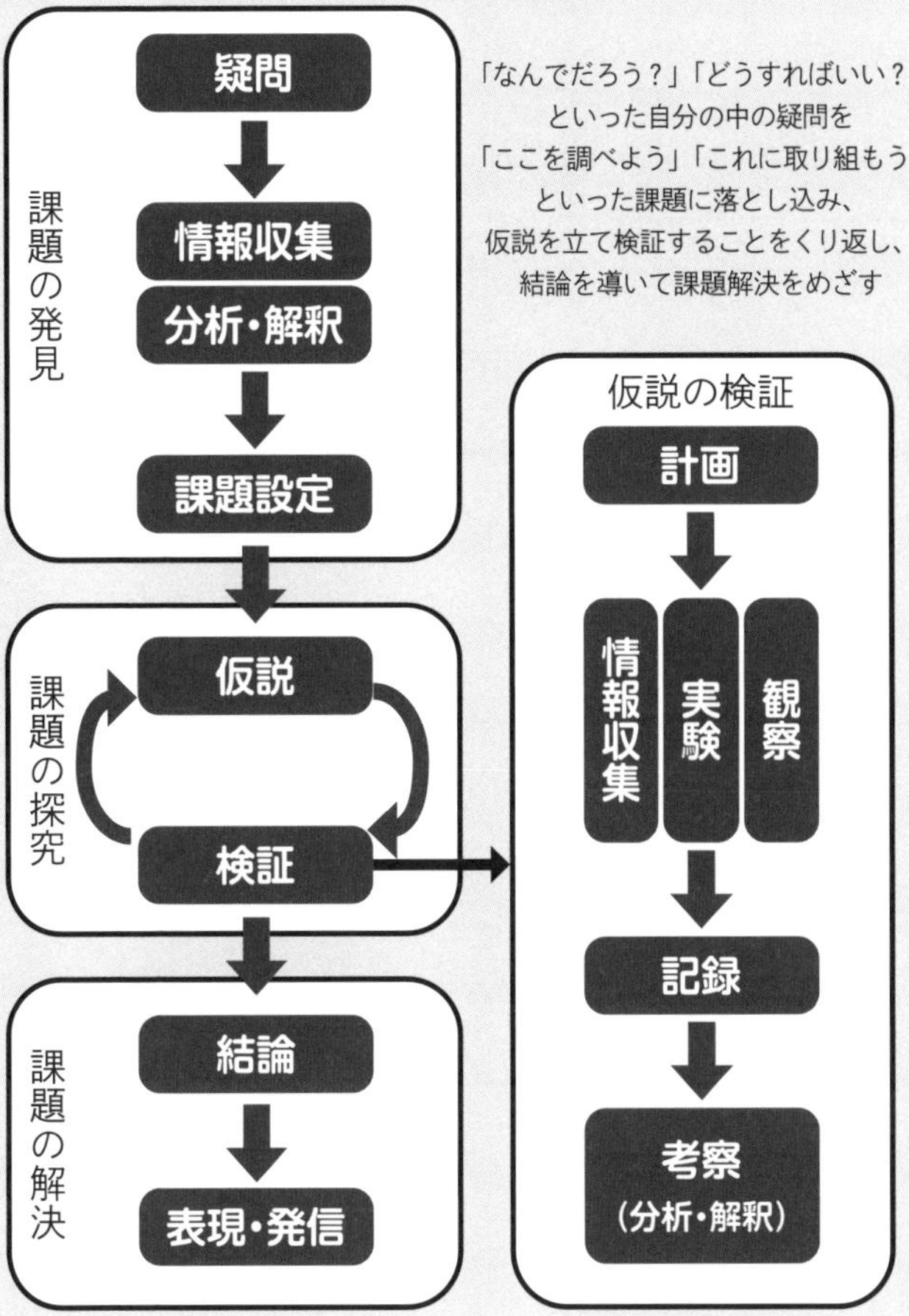

「なんでだろう？」「どうすればいい？」
といった自分の中の疑問を
「ここを調べよう」「これに取り組もう」
といった課題に落とし込み、
仮説を立て検証することをくり返し、
結論を導いて課題解決をめざす

理科が嫌いな人、苦手な人へ

理科の力を使う「人」に着目してみては

理科にそこまでひかれないのは「文系タイプだから」。そう考える人がいたとしたら、まずお伝えしたいのは「それはもうそのとおりだと思う」ということだ。

この世界は、ひとつの生命から宇宙空間まで、たまげるほど神秘的にできていて、理系の人はその世界の美しさにふれることや、そこで見つけた「この世のことわり」を活かした創造や挑戦《ちょうせん》をすることに、喜びを感じている。一方、文系の人は、それよりも人間が織りなすドラマや、人間がつくりだす文化や制度に心ひかれている。ことさら興味をもつのが、自然界のことなのか、人間やその社会なのか、という違《ちが》いだ。

ただ、人間への興味が強い人でも、自然界の魅力《みりょく》まで味わえたら楽しいはず。また、文系の道に進むにしても、理科にもなじんでおけば、理系の人と力を合わせて自分だけでは成しえないことを実現できるかもしれない。実際、世の中には文系・理系の枠《わく》にとらわれず、興味をもったことを柔軟《じゅうなん》に学び、活躍《かつやく》している人がいる。

だから文系タイプの人は、なじみやすい「人間」の面から理科に近づいてみるのはどうだろう。**この社会では理科の力をどのように使っている人がいるのか。その人は理科のどんなところに魅《み》せられたのか。何を実現させたくて理科を学んだのか。**この本では、そうしたことをさまざまな仕事をする人の話をもとに紹介《しょうかい》していこう。

知識を「覚える」から「活かす」という発想に

理科が苦手なのは「覚えることが多いから」。そう考えている人には、「今の学び方を少し変えると、イメージが変わってくるかも」と提案してみたい。

なぜなら、社会の中で理科の力を使っている人たちの話をまとめると、どうも理科の学習の中核は、教科書の内容を覚えることより、**「教科書で学んだことを身の回りに活かす」**ことにあるようだからだ。ある自然現象がなぜ起きるのかを、理科で学んだことをもとに自分で解き明かそうとしたり、「健康の回復」「機械の性能アップ」などのなんらかの課題に、理科の知識をふんだんに使って挑《いど》んでみたり。

そのように、「なぞ解き」「課題のクリア」のために理科の知識を使っていくと、結果としてあなたの中には、自分のために使える生きた理科の知識が増えていき、9ページの図で紹介《しょうかい》しているような科学的なものの見方や考え方も培《つちか》われていく。

理科の教科書は意外と情熱的？

とはいえ、理科の知識を活かせそうな「なぞ」や「課題」なんて、すぐには思い浮《う》かばないかもしれない。そんなときは、理科の教科書を見返してみよう。「〇〇なのはなぜだろう？」「〇〇を考えてみよう」といった、あなたへの問いかけがいくつも見つかるはずだ。それらの問いを受けながさず、本気で考えてみるのもいい。そうこうするうちに、自分の内側からもオリジナルの疑問がきっと湧《わ》いてくる。

理科の教科書というのは、理科の知識がぎっしり詰《つ》まった本であると同時に、それらの知識を使って「この世界のことをさらに深く、あなたといっしょに考えたい」というメッセージをたくさん発している本でもあるのだと思う。

1章

食べものをつくる

INTERVIEW

農業経営者

取材先提供
（以下同）

農作物をつくる
体制を整える

中森農産株式会社《なかもりのうさんかぶしきがいしゃ》
代表取締役
中《なか》森《もり》剛《つよ》志《し》さん

農学部で学んでいた大学時代に起業し、青果店や飲食店を経営。国に政策立案をする研究会にも参加する。25歳《さい》のときに埼玉《さいたま》県加須《かぞ》市に移住し、研修生として農業の現場を体験。27歳《さい》で稲作《いなさく》農家として独立し、翌年に会社を設立。

農業の経営者になるために

　自分で農業をやろう。中森剛志さんがそう決めたとき、まず行ったのは、全国をまわってヒアリングし、どこで始めるか検討することだった。半年間の調査を経て、ねらいを定めたのが田園の広がる埼玉県加須市だ。役場で「がんばっている米農家を紹介《しょうかい》してください」と相談し、教わった農場に研修生として飛び込《こ》んだ。

　1年半修業し、27歳《さい》のときに独立、翌年に中森農産株式会社を立ち上げた。この時点で目標も掲《かか》げる。「10年以内に全国展開できる農業の会社にする」と。


　そこからは目標に向かって突《つ》き進んだ。まずは加須市で農地を借りて稲作《いなさく》を始め、トラクターや穀物乾燥《かんそう》機などの農業機械をひとまず中古でそろえた。そして全国展開できる量のお米を生産すべく、農地拡大にも努めた。具体的には、高齢《こうれい》で農業を継続《けいぞく》できないなどの理由で「農地を貸してもいい」と考える地元の人と話し合い、大切な農地を託《たく》してもらった。

　農地が増えれば人手がいるので、社員の採用にも力を入れた。農業に人が集まるように、こんな将来像も打ち出した。

「農業従事者の平均年収を1000万円にすることをめざしています。収入の面も含《ふく》めて、なりたい仕事ランキングで、農業が上位にくるようにしたいんです」

稼《かせ》げる仕事にしようと、AI（人工知能）やロボットで農業を効率化するシステムも開発中。農地取得、機械購入《こうにゅう》、人材雇用《こよう》、システム開発。莫大《ばくだい》なお金がいるので、金融《きんゆう》機関からお金を借りる交渉《こうしょう》を何度も行った。

農業にかける、中森さんのこうした情熱はどこから生まれたのだろう？

食料問題に衝撃《しょうげき》を受けて

きっかけは、中学生のときに社会科の授業で、世界には飢餓《きが》に苦しむ人が何億人もいる、と知ったことだ。高校生になると、本を読む中で「農業の生産性を高めることは、飢餓《きが》のほかに環境破壊《かんきょうはかい》や紛《ふん》争《そう》を防ぐことにもつながる」と感じて、農学部のある大学への進学を決めた。

大学では、食料・農業・環境《かんきょう》について世界中の学生で話し合う国際交流団体に所属。すると世界の食料問題の前に、日《に》本《ほん》の農業が危機的だと思うようになる。

「日本では個人農家が多く、大規模農場を営む世界の穀物生産者とは、競争力で大きな差をつけられています。若者のなり手は少なく、高齢《こうれい》化が進んでいます。このままでは日本の農業がつぶれる。そ

コンバインで稲を刈り取り脱穀する

のときに世界情勢が不安定になれば、輸入に頼《たよ》れず、日本が深刻な食料不足になる。そういう危機感をもちました」

なんとか日本の農業を盛《も》り返せないか。仲間と学生起業をして、青果店や飲食店を経営し、国内の農業を応援《おうえん》した。政治の面からも農業を変えようと、政策立案をする研究会にも社会人に交じって参加した。しかし、そのあいだにも日本の農業が足腰《あしこし》から弱っていくようで、「間に合わない」という焦燥感《しょうそうかん》が募《つの》った。

「政治から日本の農業を変えるのが早いか。日本中に影響《えいきょう》を与《あた》えるような農業のモデルをつくって全体を変えるのが早いか。どちらがよいか考えた結果、農業をやろう、と決めました。僕《ぼく》がやりたい農業とは、『日本の食料安全保障を支えられる農業』なんです。そしてその実現のためには、『世界の穀物生産と競争できるくらいに生産能力を高めた大規模農場』をつくることが必要だと考えています」

目的に向かう今を楽しむ

27歳《さい》の創業時の農地は10ヘクタール。サッカーコート15面ほどの水田で、一人で稲《いね》を育てた。その7年後、農地は30ヘクタールと30倍に拡大し、社員16名で、米のほかに麦や大豆、トウモロコシまで生産する会社になった。オンライン会社説明会を開くと、全国から55名も参加者が集まった。

中森さんはなお手綱《たづな》をゆるめない。

「埼玉県加須市のほかに、茨城《いばらき》県や栃木《とちぎ》県にも拠点《きょてん》をつくり、農地を拡大するペースをさらにあげています。新たな拠点《きょてん》は、加須市とは気候や土質、水の利用条件などが違《ちが》うので、今までのノウハウが通用しません。どうすればうまくいくか、仮説・検証をくり返し、AIも活用し、全国のどんな環境《かんきょう》でも『安定した収穫《しゅうかく》を再現できる』農業の仕組みを築いていきたいと思っています」

社員も増え、米以外にもさまざまな作物を手がけている

日本の食料安全保障を支える、という目的を成すには、農業の規模でも、作業の面でも、まだ課題は山積みなのだ。

ただ、そうした課題を話すときの中森さんは、すごく楽しそうでもある。

「途《と》中《ちゅう》経過がいちばんおもしろいというか。目的を達成できたらうれしいですが、農業をやると決めたときから、『自分のやるべきことをやれている納得感』があって、もうずっと楽しいんですよ。今後も成功や失敗、いろいろあると思いますが、自分の見すえた目的に向かって全力で試《し》行《こう》錯《さく》誤《ご》していく、そのライブ感をできれば一《いっ》生《しょう》涯《がい》、楽しみたいです」

中森さんの昔と今の学び

Q どんな子どもだった?

小学生のときは虫取り少年。中学ではやや斜《しゃ》に構えたサッカー部主将（笑）。高校では読書を軸《じく》に好きなことに没頭《ぼっとう》しました。

Q 理科をどのように勉強していた?

教科書のコラムを読むのと、自分が興味をもったことを調べて考えるのが好きでした。小学生では虫や蛇《へび》のことを調べて、中学生では科学雑誌にはまり、高校生では脳科学の本などを読みあさりました。一方で、「この問題はこう解く」といったトレーニング型の勉強だけをやるのは苦手でした。

Q 好きだった教科や活動は?

中学・高校のサッカーと、それ以上にのめり込《こ》んだのが高校の図書委員の活動です。図書館に入れる本を先生といっしょに書店に通っては考え、その中でいろいろな本にふれました。

Q 今は何をどう学んでいる?

農業にお金を投資したくなるような「期待できる未来」をどう描《えが》くか。「新しい農業のビジネスモデル」をどう築くか。そうしたことを、ファイナンス（資金の調達や分配）、テクノロジー、エネルギー自給のことなどを勉強しながら考えています。

農業経営者の専門性

Q どうすればなれる?

農業の仕事に就くこと、いわゆる「就農」に興味をもつ人が増えることは、国としても応援《おうえん》している。そのため、農林水産《のうりんすいさん》省などがWebサイトや冊子で「農業の始め方」「農業体験」「農業研修」などを発信している。それらの情報で、どんな夢《ゆめ》や目的をもって農業をしている人がいるのか、まずは調べてみよう。大学の農学部で学ぶというのも、もちろん有効だ。

Q 何を勉強しておくとよい?

農作物となる「植物」や、酪農《らくのう》や畜産《ちくさん》で飼《か》う「動物」、「大地や気象」への理解を深めていこう。また、農業経営には「経済」のことや、安全や環境《かんきょう》にまつわる「法律」も絡《から》んでくる。

Q ほかに大切なことは?

経営感覚。中森さんが特に重要に思うのはお金のことだそう。めざすビジョンに向かって「お金をどう集めて、どこに使って会社を成長させるか」を考えることが経営者には必要だからだ。

めざせ、自分のレベルアップ!

農学　**ビジョン**　**経営感覚**

PICK UP

食べものをつくるための理科

ものごとの優先順位は「目的」によって変わる

農家の家庭で育ち、のちにノーベル生理学・医学賞を受賞した大村《おおむら》智《さとし》博士は、「農業は科学だ」と語ったことがあるのだそう。農業経営者の中森さんも同感だという。たとえば稲作《いなさく》農業は、**植物や大地、気象の知識をもって栽培《さいばい》や収穫《しゅうかく》の課題を考え、こうしてはどうかと仮説を立て、やってみて検証し、よりよい手法を確立していくもの**だからだ。そしてそのさいは**「目的をもって仮説と検証をする」**ことが重要だという。

「今できる農作業にA・B・Cの三つがあったとします。いちばん重要な作業はどれでしょうか。その優先順位というのは、何をめざすのか、自分の中に目的があってはじめて定まるんですよ。『食料安全保障のためにお米の生産能力を高めたい』。ならばAが重要ではないか。『今までとは異なる味のお米にしたい』。ならばCを優先すべき

稲の成長をチェック

ではないか。掲《かか》げる目的によって仮説の立て方から変わってきます」

立てた仮説に沿って作業をやっても、うまくいくとは限らない。**だから理科の実験のように記録を取る**ことも大切だ。

「われわれの農業経営では、どこで誰《だれ》がどんな資材を使って何時から何時まで何をしたかを、アプリで記録し、毎日データを蓄積《ちくせき》しています。その作業データと、気象庁《きしょうちょう》の気温や雨量のデータと、農作物のデータを照らし合わせ、やってきたことを検証し、『この育ちがよくない原因はこの作業にあるのでは』などと課題を見つけ、改善するのです。膨大《ぼうだい》なデータは、コンピュータでも分析《ぶんせき》しています。今後、AIを活用するさいも、そのAIにとって『考える材料』となるデータを蓄積《ちくせき》しておくことは不可欠です」

中森さんがめざしているのは「ある年だけたまたま生産量が多い農業」ではなく、「生産量が多い状態を毎年できるだけ再現できる農業」。そのためには、日照や気温、雨量がどうなったときに、耕作や除草、肥料、田植え、田んぼの水の管理などをどう行えばいいか。理科の実験にたとえるなら、同じ植物を水や土の条件を変えて育て、そのようすを記録・検証・考察して「成長しやすい条件」を見きわめ、つぎの栽培《さいばい》もその条件をなぞることで、植物のめざましい成長を再現する、という挑戦《ちょうせん》に近い。

農作業だけでなく「経営」も科学的なアプローチで

目的をもって仮説と検証をするアプローチは、事業全体の方向性を考えるときも有効だ。たとえば、中森さんは会社経営において「日本の農業の生産能力を高める」という大きな目的を掲《かか》げ、その目的達成のために向き合うべきテーマとして、25ページの図のような課題を設定。それらの課題をクリアするには「こうしたアクションを進

■農業の生産能力を高めるには？（中森さん思案）

テクノロジーの活用

天候や土壌に合った作業をAIが割り出すシステムがあるとよいのでは？

一人で機械を何台も操作する農作業体制を確立するとよいのでは？

人材の確保・育成

AI開発の技術者や、農作物と機械の両方に強い人材が必要なのでは？

平均年収1000万円を目標にし、本気でめざせば志望者も増えるのでは？

エネルギーの自給

農場で燃料や電力のエネルギーを自給すれば生産性が高まるのでは？

バイオマス、太陽光、風力、水力などのうちベストなエネルギーは……

巨額のお金の工面

農業にお金を投資する人が増えれば、できることがぐんと広がるのでは？

投資してくれる人を増やすには、こんな未来像の提示が必要では？

めるとよいのでは？」といった仮説を立てて、日々の仕事にのぞんでいる。

そのうえで、結果として表れた数字、「農作物の生産量」「作業時間」「費やした金額」などのデータを照らし合わせ、どの取り組みがうまくいき、どの取り組みは改善が必要かを検証しているのだ。

こうした試行錯誤《しこうさくご》で、日本の農業の生産能力をぐんと高めることができたなら、中森さんは将来的に、仲間といっしょに世界でも農業生産をしたいそうだ。農業を通してこの世界の飢餓《きが》や環境《かんきょう》破壊《はかい》、紛《ふん》争《そう》を防ぎたい。10代のときに抱《いだ》いた夢《ゆめ》は、今も中森さんの中で生き続けている。

食べもの編

食品製造の経営者

和菓子《わがし》屋さんやパン屋さんのように、自店で食品を製造・販売《はんばい》する場合や、缶詰《かんづめ》のように、製造したものをスーパーマーケットなどの小売店で売ってもらう場合がある。また、農業や漁業の1次産業の経営者が、2次産業の食品製造、3次産業の食品小売まで手がけることも（6次産業化）。再現できるおいしい食品の開発が必要。

酪農《らくのう》・畜産《ちくさん》の経営者

牛乳や乳製品のために牛を飼育《しいく》したり、食肉や卵のために牛や豚《ぶた》、鶏《にわとり》を育てる。

肥料・飼料《しりょう》製造業者

農作物などの植物の成長を促《うなが》す肥料や、家畜《かちく》や養魚のエサとなる飼料《しりょう》を製造する。

漁業・養殖《ようしょく》業の経営者

海に出て網《あみ》や釣《つ》り針で魚や貝をとったり、いけすなどで魚を育てたりする。

種苗《しゅびょう》業者・花《か》き栽培《さいばい》者

農作物や花の品種の研究、種や苗《なえ》の生産、花や観葉植物の栽培《さいばい》などを行う。

こんな仕事もある!

栄養士

病院の患者《かんじゃ》や、学校の子どもたち、スポーツ選手などに対して、その相手にふさわしい栄養バランスの料理を考案。調理スタッフなどがその料理を再現できるように、レシピも作成する。食べものとなる植物や動物のことや、人の体のつくりやはたらきについて、科学的な面から理解しておくことが必要。

料理研究家

食材や調理法を研究し料理のレシピを創作。テレビや動画、雑誌や本で紹介《しょうかい》する。

料理人

レストランや料亭《りょうてい》、ホテルなどで、料理のメニューの考案から調理までをになう。

飲食店の経営者

店で出す料理のメニューや、食材の調達先、集客の仕方などを考える。

生鮮《せいせん》食品店の経営者

店で売る野菜・肉・魚などの品ぞろえから、調達先、集客の仕方などを考える。

10代の挑戦！ 食べもの編

❶ レシピどおりにお菓子《かし》やおかずをつくる

料理の本やサイトで紹介《しょうかい》されているレシピをもとにお菓子《かし》やおかずをつくってみよう。どの材料をどれだけ使い、どんな手順で調理するのか。料理を研究した人が見いだしたコツを、誰《だれ》でも「再現」できるようにしたものがレシピと言える。

❷ オリジナルのレシピをつくる

カップ麺《めん》に対して「待ち時間変更《へんこう》、家の調味料追加」から始めるのでもいい。変更点を記録し、気に入ったものは「再現」できるようレシピ化しよう。料理が得意な人は、食材の中身や量、調理の時間・温度・順番などいろいろ変えてみよう。

❸ もう一度やるつもりで野菜栽培《さいばい》

野菜栽培《さいばい》キットや鉢《はち》植《う》えで、野菜を「二つの環境《かんきょう》」で育てよう。それぞれの水やりや日当たり、肥料などの条件を記録。収《しゅう》穫《かく》を終えたら、うまくいったほうのやり方でもう一度育てよう。「再現」をねらうわけだ。でも植物は同じよう育つとは限らない。「安定してつくることのむずかしさ」もぜひ体感してみて。

2章

地球環境と向き合う

INTERVIEW

気象予報士

気象データをもとに天気を予測する

株式会社《かぶしきがいしゃ》ウェザーマップ

水《みず》谷《たに》花《か》那《な》子《こ》さん

大学卒業後、企業《きぎょう》で働きながら気象予報士養成講座に通って勉強。社会人３年目で資格試験に合格し、ウェザーマップに所属。大学でスペイン語を学び、留学もしたのを機に、スペインが好きになり、その趣味《しゅみ》を仕事にも活かしている。

生放送の緊張感《きんちょうかん》！

「一秒一秒をこんなに濃《こ》く感じるなんて」

テレビ番組の生放送でお天気コーナーに初出演したとき、水谷花那子さんはそう感じたという。デビューの日から大雪の予報を伝えることに。本番直前、スタッフがカウントダウンする。3、2、1、放送開始！　用意した原稿《げんこう》をもとにカメラの先の視聴《しちょう》者に語りかけた。明日の天気や1週間の天気、注意してほしいこと。つぎのコーナーでスタジオに切り替《か》わる構成だったので、時間ぴったりに終わらせる必要もあった。スタッフが再び秒読みし、それに合わせて話をしめくくった。「早めに雪への備えをお願いします。以上、気象情報でした」

放送終了《しゅうりょう》。本番に向けて懸命《けんめい》に準備したことを含《ふく》めて、水谷さんは役目を果たせたことの喜びをかみしめた。

自分で出演を勝ち取って

気象予報士は、気象データをもとに天気を推測し、人びとに知らせる専門家だ。水谷さんはその職業を社会人になってからめざしたという。一般企業《いっぱんきぎょう》に就職後、「自分の可能性を広げたい」と思い、気象予報士の養成講座に週1回通った。前から興味があったからだが、学ぶほど楽しくなり、社会人2年目の終わりに思い切って会社を辞め、お天気の勉強に約1年間集中した。気象予報士になるには、難関の資格試験の突破《とっぱ》が必須《ひっす》だからだ。

晴れて試験に合格した水谷さんは、気象情報会社のウェザーマップに所属。研修を受け、半年間は先輩《せんぱい》のサポートもし、「お天気キャスターを務める気象予報士」の基礎《きそ》を学んだ。そのうえでテレビ局のオーディションに挑《いど》み、番組出演を勝ち取った。勤務地は愛媛《えひめ》県の「あいテレビ」。東京《とうきょう》で暮らしていた水谷さんは、期待と不安を胸に抱《いだ》いて新天地に飛び立った。

今日は天気の何を伝える?

お天気キャスターの仕事は、コンピュータが計算で求めた「未来の地球の予測データ」を確認するところから始まる。

たとえば24時間後の愛媛《えひめ》の「上空」と「地上」の気温・気圧・風の予測データがあるとする。そこから未来の空間を立体的にイメージし、「地上や上空がこういう状態ならこんな天気になる」と判断したうえで、視聴《しちょう》者に「その天気に関連して何を伝えるか」を考える。

「明日はすごく暑くなりそうだな。熱中症《しょう》に気をつけてもらわないと」とか、

本番に備えてリハーサルを行う

「午後から大雨で風も強まりそうだから、事前にしっかりと備えてもらおう」と。

つぎに、その伝えたいことをどう話すか、お天気コーナー全体の原稿《げんこう》を作成。さらに視覚的にもわかりやすく見せるため、イラストや地図を盛り込《こ》んだ資料も用意する。CGの制作スタッフに依頼《いらい》する場合もあるが、あいテレビ時代は基本、水谷さんが自分でプレゼンテーションソフトを使い、資料まで作成した。

準備を終えたら、夕方からの生放送に備えて一度リハーサル。そして本番へ。

ちなみに、この放送とは別に、昼にはアナウンサーがお天気情報を伝えるコーナーがあり、そのための原稿《げんこう》も気象予報士の水谷さんが用意していたという。

生活がうるおう情報を

　お天気コーナーを担当してから、「天気は人の生活とつながっている」とあらためて感じたという。通学や通勤、洗濯《せんたく》のために空模様を気にする人たち。農作物や家畜《かちく》を育てるために天候に目を光らせ、必要な備えをする農家の人びと。そうした人たちのために、お天気情報を整理し、生放送で時間内に伝えるのだ。

「猛暑《もうしょ》や大雨など伝えたい情報が多いときほど、責任の重さを感じて焦《あせ》ってしまうのですが、そんなときこそしっかり発信しないといけないので、『わかりやすく伝えよう』といつも心がけていました。原稿《げんこう》は用意しても全部読めるわけではなく、頭に入れたことを中心に話します」

　秒単位で時間に追われる生放送で、伝えたかったことを一部言い忘れ、落ち込《こ》んだことも。一方で、放送を見た人から「今日の話題よかったよ」と声をかけられ、「準備をした甲斐《かい》があったなあ」とうれしくなったこともたくさんあった。

　現在、水谷さんは東京に戻《もど》り、全国放送のお天気コーナーから、各地に出向いての季節情報のリポーター、ラジオ番組

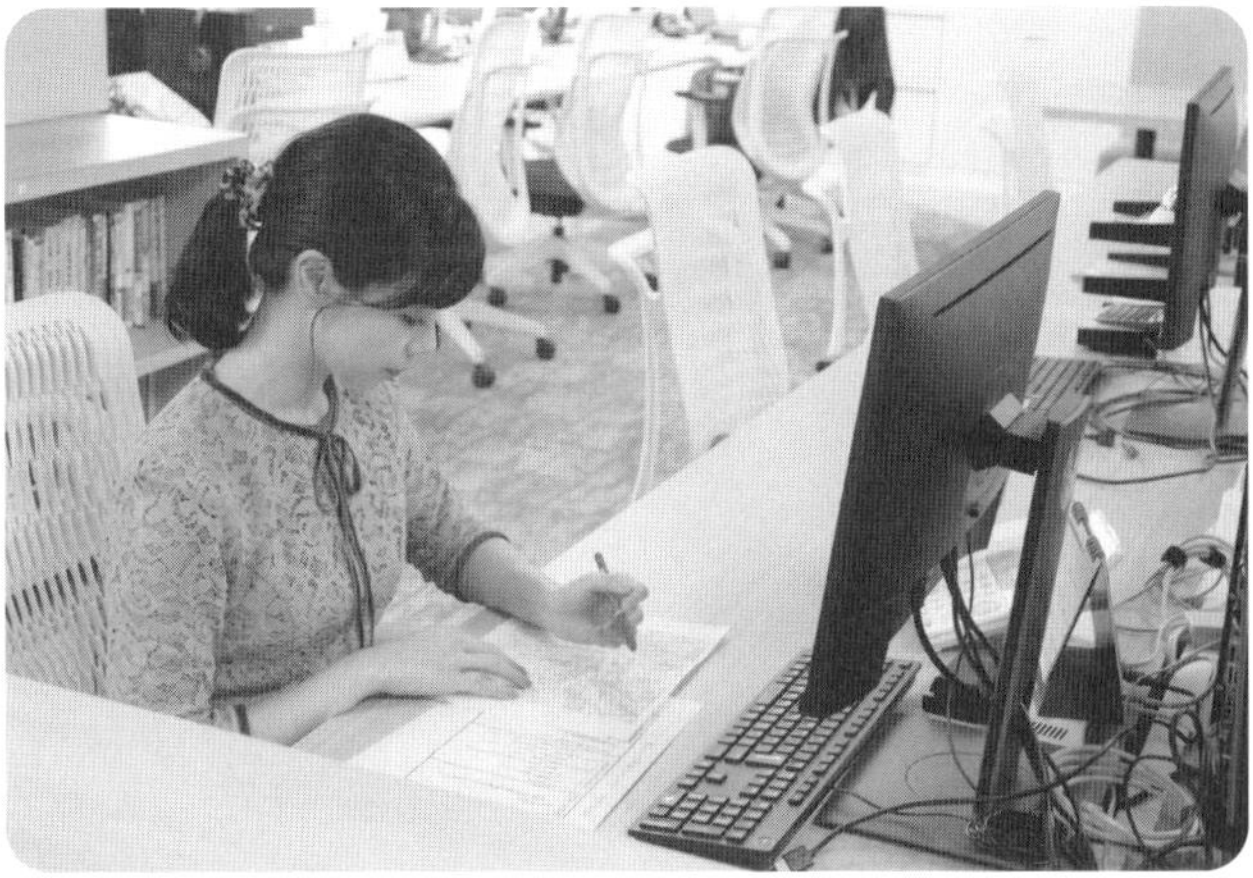

お天気情報の原稿は気象予報士が用意する

のお天気コーナーまで担当している。

ラジオでは視覚情報は届けられないので「耳にすっと入ってくる言葉」を意識するそう。番組パーソナリティーと自由に会話する時間もあり、水谷さんは自分が好きなスペインについて、日本との気候や風習の違《ちが》いを話したりしている。

「お天気コーナーでは、桜の開花など季節の話題にふれたり、旬《しゅん》のものを紹介《しょうかい》したりと、視聴《しちょう》者のみなさんに楽しんでいただくこともめざしているんですね。生活の役に立ちながら『へえ』という発見もあるような、そうしたお天気情報をこれからもお届けしたいと思っています」

水谷さんの昔と今の学び

Q どんな子どもだった?

クラシックバレエに打ち込《こ》んでいたので、自習の時間が少なく、勉強は学校だけで終わらせたくて、授業に集中していました。

Q 理科をどのように勉強していた?

授業の内容をその場できちんと理解しようとし、気になったことは先生によく質問していました。実験の授業が好きで、まとめのレポートはがんばって書いていました。理科を学ぶことで、人間や植物について理解していけることや、物質を化学式から読み解けるのがおもしろいな、と感じていました。

Q 好きだった教科や活動は?

クラシックバレエです。授業で好きだったのは、美術、体育、家庭科ですね。大学でスペイン語の授業を取ってからは、語学やスペインについて学ぶことも好きになりました。

Q 今は何をどう学んでいる?

気象のことは今も勉強しています。また、雨や強風、早霜《はやじも》や遅霜《おそじも》などの天候が、さまざまな人の生活や産業にどのような影響《えいきょう》を与《あた》えるのか、ということを知るために、自分がいろいろな現場を体験したり、見聞きしたりすることも大事にしています。

気象予報士の専門性

Q どうすればなれる？

気象予報士の仕事をするには試験を受けて国家資格を取らないといけない。難関試験だが年齢《ねんれい》制限はなく、小学生でも受験できるので、興味がある人はさっそく勉強を始めよう。資格を取るだけで仕事に就けるわけではなく、就職先は自分で探す。気象会社、気象庁《きしょうちょう》、地方自治体の防災部門、天気予報にかかわる放送業界、空の情報が重要な航空業界などで活躍《かつやく》している。

Q 何を勉強しておくとよい？

テレビやラジオ、インターネットの天気予報などで、気象情報に親しんでいこう。キャスターの解説に耳を傾《かたむ》け、大気の状態による天気の変化や、季節ごとの特徴《とくちょう》を理解していく、というように。

Q ほかに大切なことは？

気象データから立体空間をイメージする力。また、どんな天気のときに誰《だれ》がどんな影響《えいきょう》を受けるのか、いろいろな立場の視点から考えて天気予報を伝えていく、柔軟《じゅうなん》性も求められる。

めざせ、自分のレベルアップ！

気象学	イメージ力	多様な視点

PICK UP

地球の変化を察知するための理科

起こりうる「天気」から「課題」まで見いだす

「地球環《かん》境《きょう》をとらえて知らせる」ことは、39ページの図のように大勢の人が協力して行っている。目的は、自然の脅《きょう》威《い》から人を守るためや、自然の恵《めぐ》みを生活や産業に活かすため、豊かな生態系を保つためなどだ。気象予報士はこのなかでおもに「天気予報・警報」の任務を、**情報の分《ぶん》析《せき》や解《かい》釈《しゃく》**をしながらつぎのように進めている。

①天気の推測……**上空と地上の気温・湿《しつ》度《ど》・風などの「観測データ」と、その先の未来を計算した「予測データ」**、さらに**「土地の特《とく》徴《ちょう》の情報」を組み合わせ、天気が変化する仕組みも踏《ふ》まえて、未来の空間を思い描《えが》く**。たとえばこのように。

「予測データによると、上空に寒気が入ってきて高いところの気温が低下する。対して地上付近は夏らしい暑さ。上と下の気温差で対流が起こり、落《らく》雷《らい》や突《とっ》風《ぷう》が生じやす

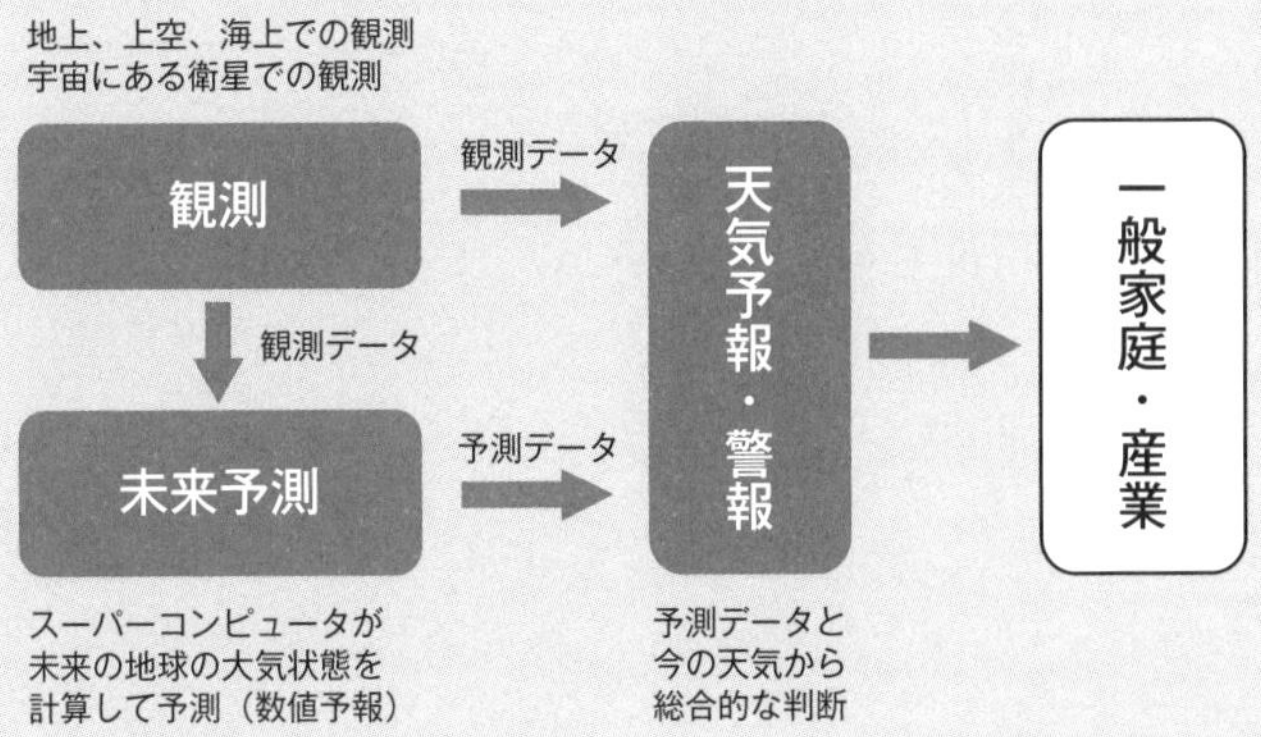

■天気予報が届くまで

い不安定な大気の状態になりそうだ」

「愛《え》媛《ひめ》最大の河川である肱川《ひじかわ》に、冷たい空気が流れ込《こ》む。川の水面から蒸発している水蒸気がその空気に冷やされ、霧《きり》になって海に向かうという、幻想的で名高い『肱川あらし』が発生しそう！」

ちなみに愛《え》媛《ひめ》には、猛暑《もうしょ》になる地域や意外と大雪になる地域がある。天気予報を担当した水谷さんは、「空について考える中で、その土地のことを知るのもすごくおもしろいな」と感じたそうだ。

②生じる課題の発見と解決……推測どおりの天気になったとき、世の中にはどんな課題が発生し、どうすれば解決できる

かを考える。土地や海洋の変化、生物と環境《かんきょう》のかかわりなどを踏《ふ》まえてだ。

猛暑《もうしょ》や大雨、強風で、大地や海はどうなるか。干ばつや洪水《こうずい》、土砂災害や高潮が起きないか。熱や乾燥《かんそう》、湿気《しっけ》は人間やほかの動物、農作物などの植物にどう影響《えいきょう》するか。

生じる課題に対して、私たちが取れる手立ては。こまめな水分補給。スキンケア。農業用水の確保。雨水の通り道となる排水溝《はいすいこう》の掃除《そうじ》。ハザードマップによる避難所《ひなんじょ》の確認。悪天候を見越《みこ》した外出の自制や緊急避難《きんきゅうひなん》。未来の天気を踏《ふ》まえ、今、伝えるべきことはなんだろう？ 任務の中で水谷さんはこんな思いを強めていったという。

「天気予報はいろいろな人の立場で考えて発信することが大事なんだと思いました。それも自分がさまざまな経験を積んで。山に登ったり農家の方とお話ししたりと、いろいろな立場における天気の意味を知ってこそ、伝えたいことが見えてくるからです」

自然の脅威《きょうい》から美しさまでとらえよう

③お天気情報の発信……どんな人に向けて何を伝えるか見定めて、原稿《げんこう》や資料を作成して発信。テレビやラジオの生放送で伝えたり、特定の産業に情報提供したりする。

幻日を発見！

ピンク色のトンボ　　どちらも取材先提供

ところでお天気コーナーは、自然の脅《きょう》威《い》だけでなく、明るい話題も届けるものだ。だから、**気象や生物の知識をもって周囲を観察する**ことも重要だ。水谷さんはこれまでに、太陽の横で虹色《にじいろ》に輝く幻《げん》日《じつ》や、ピンク色のトンボなどを発見しては写真に撮《と》り、番組で紹介《しょうかい》してきた。

地球環境《かんきょう》を私たちが知ろうとするのは、暮らしに役立つからだ。加えて、地球の変化や美しさを発見し、みんなで愛《め》でることが楽しいからでもあるのだと思う。シェアしたくなる何かを見つけようと、水谷さんは今日も街中で、野山や海辺で、意識的にまわりに目を向けている。

地球環境編

防災スペシャリスト

地方自治体や国の防災課や防災対策室で、地震《じしん》や津波、台風、洪《こう》水《ずい》、土砂災害、大雪、噴火《ふんか》などの「地域ごとの自然災害のリスク」を分析《ぶんせき》。そのうえで「災害に備えるための対策」を進める。具体的には、建築物の耐震《たいしん》補強、河川の整備、災害発生時の避難《ひなん》計画、危険区域や避難《ひなん》場所を示したハザードマップの作成などだ。

地震《じしん》学者

大学や研究機関で、地震《じしん》が起きるメカニズムの解明や、地震《じしん》の予測に取り組む。

環境《かんきょう》調査員

公共・民間事業の影響《えいきょう》を、大気の分析《ぶんせき》などで調査。環《かん》境《きょう》計量士という資格もある。

地質調査技術者

工事や防災のために、地面を掘《ほ》る機器で土の採取や計測を行い、地盤《じばん》を調べる。

南極地域観測隊員

地球環境《かんきょう》をとらえるために、南極で大気や海洋、地質などの観測や調査を行う。

こんな仕事もある！

気象庁の職員

気象庁の各拠点《きょてん》で、さまざまな自然現象の「観測」や「予測」、それにもとづく「情報発信」を行う。見守っているのは、天気にかかわる大気の状態や、地震《じしん》や津波、火山活動などだ。地球温暖化の予測など地球環境《かんきょう》全体を追っている職員や、天気や災害の予測の精度をあげるための研究開発をしている職員もいる。

ディスパッチャー

気象データや、航空機の乗客や荷物量のデータを分析《ぶんせき》し、飛行計画を作成する。

気象データアナリスト

天候に左右される事業（農業やお店や交通など）のために気象データを分析《ぶんせき》。

航海士

気象情報や船の計器のデータを活かして、航海計画や安全運航を支援《しえん》する。

登山ガイド・山岳《さんがく》ガイド

山のことや気象にくわしい専門家として、里山や高原、山岳《さんがく》などを案内する。

10代の挑戦！ 地球環境編

❶ 風読みの達人になる

通学やお出かけの向かい風にげんなりしたときは、「なぜ今、風が強いのか」「なぜこの方向に吹《ふ》くのか」を調べて読み解こう。季節的なものか。朝や夜、気温、気圧が関係しているのか。山や海、川など地形の影響《えいきょう》か。風を読む達人になれば、向かい風を避《さ》けることや、強風に備えた服装《ふくそう》ができるようになるかも。

❷ 科学でつかむシャッターチャンス

雲ひとつない青空、虹《にじ》の空、立ち込《こ》める霧《きり》、桜吹雪《ふぶき》。隊列をなす鳥、きれいな色のカエルやトンボ。気象や生物の知識を活かすことで、すてきな景色を目にする確率をあげられないだろうか。その景色の前で友だちと動画や写真を撮《と》ったらいい思い出になりそうだし、単独で芸術的な一枚をねらうのもすてきだ。

❸ 天気予報の仕組みを理解する

「数値予報」をキーワードに天気予報の仕組みを学ぼう（気象庁が小冊子や解説資料をホームページで公開している）。天気を予測するための創意工夫のすごさを感じてもらえるはずだ。

3章

創造的なものを生み出す

INTERVIEW

化粧品研究開発者

健康や美を保つ
化粧品を開発する

株式会社《かぶしきがいしゃ》コーセー
研究所　スキンケア製品研究室

早《はや》瀬《せ》はるなさん

大学院に進んで界面化学を研究したあと、コーセーに就職。高校生のときに、化粧品《けしょうひん》を通して界面化学に興味をもったのがはじまりで、その当時に『現代界面コロイド科学の事典』日本化学会《にほんかがくかい》編（丸善出版《まるぜんしゅっぱん》）という専門書も購入《こうにゅう》。

「使う人」から「創る人」へ

高校生のとき、早瀬はるなさんは肌荒《はだあ》れに悩《なや》まされ、そのせいで気持ちも沈《しず》んでいた。ところが、あるスキンケアの化《け》粧品《しょうひん》を使いだすと、肌荒《はだあ》れが一気に改善し、「なんで!?」と衝撃《しょうげき》と感動を覚えたという。ちょうどそのころ、化学の授業で「乳化」を学ぶ。水と油のように本来は混ざらないものが、均一に混ざり合う状態のことだ。調べてみると、化粧品《けしょうひん》には乳化の技術が使われていて、おかげで肌《はだ》に必要な油分をみずみずしい化粧水《けしょうすい》や乳液でも補うことができるようだった。

学問的には、乳化は「界面化学」のひとつらしい。二つの物質が接する境界で起こる現象をあつかう学問だ。がぜん興味をもった早瀬さんは、両親に頼《たの》んで界面化学の専門書を買ってもらった。

「高校生の自分には、内容はまだ理解できなかったのですが（笑）、それでもこの学問を学びたい、と強く思いました」

だから、専門書を執筆《しっぴつ》した先生のいる大学に進学。大学院まで進み、その先生のもとで界面化学の研究に打ち込《こ》んだ。

培《つちか》った専門性を社会で活かそうと、進路には化粧品《けしょうひん》会社を志望。コーセーに就職した早瀬さんは、研究所に配属され、化粧水《けしょうすい》や乳液、クリームといったスキンケア商品を自分で開発することになった。

総力をあげての研究開発

研究開発を3年以上行い、仕事に慣れてきたころに、大きな話が舞《ま》い込《こ》む。看板商品のひとつ、化粧水《けしょうすい》「薬用 雪肌精《せっきせい》」を、中身の成分を変えて、発売以来はじめてリニューアルするという。しかもその中身には、社内で10年以上前から研究を続けてきて、肌荒《はだあ》れと美白に効くことを国から認められた有効成分を配合するという。いわば長年の研究の総仕上げのような製品開発だったのだ。

早瀬さんは、この商品の「処方開発」をやりたいと立候補した。化粧水《けしょうすい》のめざす効能や使用感を実現するには、どの成分をどんな割合や手順で組み合わせればいいか。試作を重ね、商品のつくり方となる「処方」をまとめる開発だ。

晴れて大役を任された早瀬さんは、まずは企画《きかく》部門といっしょに生まれ変わる「薬用 雪肌精」の方向性をすり合わせた。お客さまへの調査で、ブランドの強みや要望を確認。「肌荒《はだあ》れと美白に効く有効成分を配合」しつつ「雪肌精らしいみずみずしさを保ち」「保湿《ほしつ》感を高める」という方針が定まった。そんなすごい商品

実験室で何度も配合を試す

を自分が形にするのだ、と胸が躍《おど》った。

でもすぐに「こんなにたいへんだとは思わなかった」という現実に直面した。

生みの苦しみを味わって

最大の難関は、有効成分が水に溶《と》けにくい「固形の油」であったことだ。先輩《せんぱい》たちの研究で、「固形の油」と「水」を混ぜ合わせる基礎《きそ》の技術は確立されていた。しかし、「雪肌精らしいみずみずしい化粧水《けしょうすい》」になるようにこの二つをかけ合わせるのは至難の技だったのだ。

「イメージとしては『バターを水に溶《と》かし込《こ》む』という感じです。固形の油がうまく水に溶《と》け込《こ》むよう、ほかに液体の油や界面活性剤《ざい》といった成分も配合して化《け》粧水《しょうすい》を試作するのですが……。固形の油だけ下に沈殿《ちんでん》したり、マヨネーズのようなトロッとした液体になったりと、化粧《けしょう》水《すい》とは呼べないものばかりできたのです。ほんとうに頭を抱《かか》えて悩《なや》みました」

壁《かべ》を越《こ》えるには、考え続けるしかなかった。実験室にビーカーをずらりと並《なら》べ、多様な油や界面活性剤《ざい》との配合を試した。期待できる組み合わせがあれば「こんな割合や手順にするとよいのでは」と仮説を立てさらに試作し、結果を検証し、ねらいが外れれば「何が問題でどうすればいいか」を考え、新たな仮説を立て試作した。

そうして何百という試作をくり返し、早瀬さんはとうとう、みずみずしい化粧《けしょう》水《すい》になるつくり方を見いだした！

心を動かすような化粧品《けしょうひん》を

それでもまだ商品の完成ではなかった。「私が実現したのはビーカーサイズのつくり方。商品にするには、巨大《きょだい》なタンクで何トンも化粧水《けしょうすい》をつくるような工場の生産を可能にしないといけません。そのスケールだと時間や温度の管理がビーカーのようにはいかず、そこで生じる問題

早瀬さんがリニューアルにたずさわった化粧水「薬用 雪肌精」　取材先提供

を解消する必要があったのです。何度も工場に行き、また試作を重ねました」

　2024年3月、新しい「薬用 雪肌精」は、ついに完成の日を迎《むか》えた。

「商品が店頭に並《なら》び、お客さまが手に取る瞬間《しゅんかん》を目にしたときは、ほんとうにうれしいです。私にとっては、高校時代に使った化粧品《けしょうひん》に衝撃《しょうげき》を受けたのがすべてのはじまりなので、それと似た驚《おどろ》きを少しでも感じてもらえたらいいな、と。化《け》粧品《しょうひん》を通してお客さまに感動をお届けできるよう、これからも化粧品《けしょうひん》研究を楽しく追求し、私にしかつくれない商品をつくっていきたいと思っています」

早瀬さんの昔と今の学び

Q どんな子どもだった?

日常のいろいろなことに疑問をもってしまう子どもでした。「なんで？」「なんで？」が口癖《くちぐせ》で家族をよく困らせていました。

Q 理科をどのように勉強していた?

理科で習ったことを、日常生活で起きていることに結びつけるのが大好きでした。たとえば「氷」はさわると「くっつく」のに、「雪で凍《こお》った道路」は「すべる」のが不思議だったのですが、それは圧力による水の状態変化のためだとわかって喜んだり。テスト勉強中も興味をもつとわき道にそれていました。

Q 好きだった教科や活動は?

小学生のときから社会人の現在まで、ずっとバレーボールをしています。仲間と協力して目標に向かうことの醍醐味《だいごみ》や、みんなで目標を達成する喜びを教わり、今の研究にも生きています。

Q 今は何をどう学んでいる?

大人になってからも、いろいろな疑問が浮《う》かぶので、自分の頭の中でも考えつつ、その疑問の解消に役立ちそうな情報をみずから取りにいって学ぶことを大切にしています。具体的には、国内外の学会や研修に参加したりしています。

化粧品研究開発者の専門性

Q どうすればなれる?

まずは大学や専門学校で、化学や物質工学、生命科学や薬学など、化粧品《けしょうひん》開発に活かせる専門性を身につけよう。そのうえで化粧品《けしょうひん》メーカーの採用選考にチャレンジ。採用されたら、自分の専門性を活かして「化粧品《けしょうひん》に入れる成分」や「化粧品《けしょうひん》がふれる皮膚《ひふ》や頭髪《とうはつ》」などの研究にあたる。健康や美しさを高めることのできる化粧品《けしょうひん》の創造をめざしていこう。

Q 何を勉強しておくとよい?

理科のなかでも物質の性質を学ぶ「化学」や、体のはたらきを学ぶ「生物」が役立つ。また、仮説を立てやってみて検証する「理科の実験」は、研究開発の試作に通じる重要な学びの機会だ。

Q ほかに大切なことは?

早瀬さんが大切だと思うのは、「日常のいろいろなことに疑問をもって、楽しく探究すること」だという。その疑問や探究心が「新しい発見や発明につながる」と感じているからだ。

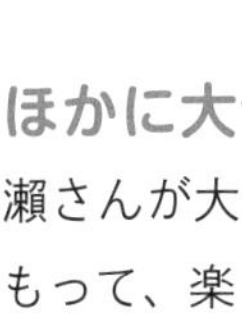

めざせ、自分のレベルアップ！

疑問の発見	探究心	実験スキル

PICK UP

新しいものを創造するための理科

答えが存在しない問題に挑《いど》むために

研究開発者は、自分なりの専門性をもちつつ、幅広《はばひろ》い理科の知識を使って研究をする。たとえば化粧品《けしょうひん》開発をする早瀬さんは、**界面化学を軸《じく》に、皮膚《ひふ》科学という生物学的な知識や、物質の運動エネルギーといった物理学的な知識も活かして研究をする**そう。学校で勉強するいろいろな理科の知識は、研究開発に大いに役立つのだ。

また、知識以上に「理科の力として大切なものがある」とも早瀬さんは感じている。

「**日常の中に『なんでだろう？』という疑問を見つけ出し、抱《いだ》いた疑問を疑問のまま終わらせないことです**。疑問に対して『こうかもしれない』『ああかもしれない』と想像して仮説を立て、実際はどうかを観察や実験などなんらかの手段で検証する。こうした**『疑問→仮説→検証』**をずっとくり返すのが研究者だと思っています」

■「なんでだろう?」が発見や学びにつながる

「水」と「油」は「混ざらない」というけれどなんでだろう?

二つを混ぜようとして、ようすを観察したら何かわかるかも。

重さが違うから? 同じ容器に入れて重さを量ってみようか。

理科で習った分子とかが関係している? 教科書を見返そう。

そもそも「混ざる」って何? そこから調べてみようか。

理科の実験で同じことをしたのにある班は違う結果に。なんでだろう?

同じことをしたつもりで、「実は違った部分」があったから?

何が違った? 薬品の分量、温度、作業時間、順番とか……。

どこに気をつければ、どの班も同じ実験結果にできるだろう?

違う結果を「意図して出す」としたら、どうすればいい?

みなさんも日常にひそむ「なんで?」を探してみてはどうだろう。そして答えをインターネットで調べたり先生に教わったりする前に、自分はどう思うか仮説を立てよう。疑問が壮大《そうだい》で仮説が浮《う》かばないときは、「答えに近づくための課題」を設定するのもいい。「水と油はなぜ混ざらない?」という疑問をもったら、まずは「水と油の違《ちが》いを知る」ことを最初の課題とし、その課題に対して「こんな違《ちが》いがあるかも」と仮説を立ててみたり。

仮説が正しいか検証する方法も考えたい。たとえば、**仮説に沿って観察や実験をする、仮説の正しさを裏づけてくれそ**

うな理論を教科書や専門書で探す、関連データを集めて分析《ぶんせき》する、などなどだ。

そんな面倒《めんどう》なことをしなくても、疑問はインターネットで調べればすぐ答えがわかるかもしれない。しかし、**研究開発の現場では、誰《だれ》も正解を知らずネットにも答えがない未知の問題に挑《いど》む。**だから、疑問→仮説→検証を自分ですることが必要で、早瀬さんはこの思考を習慣づけたことが「仕事にいちばん役立った」と感じているそうだ。

コミュニケーションも研究開発のカギとなる

研究の結果をわかりやすく発表することも求められる。自分たちの成果を世間にアピールするためでもあるが、それ以上に**「発表を通していろいろな専門分野の先生とつながり、研究テーマへのコミュニケーションを深める」**ためなのだそうだ。

早瀬さんは入社2年目のときに、ベルギーで開催《かいさい》された界面化学の国際学会で発表をした。先輩《せんぱい》から引き継《つ》いで進めた研究の発表で、会社を代表しての発表だった。

「先輩《せんぱい》の残したデータを読み解き、似た分野の論文を確認し、英語発表の練習もして。たいへんでしたが、伝えたいことを受け止めてくれる人が海外にもたくさんいること

国際学会で研究を発表することも　　取材先提供

に気づくことができ、その先生方ともつながることのできた貴重な経験でした」

この機会に限らず、早瀬さんはふだんから、社内の仲間や、国内外の専門家とのコミュニケーションを大事にしているという。研究開発者は、自分で疑問→仮説→検証をするのが基本。でも「自分だけの想像だと限界がある」からだ。

「いっしょに『なんでだろう?』と考えてくれる仲間がいると、より多くの疑問や仮説が生まれ、それが新たな発見につながっていくんですよね。そうした仲間とのかかわりも大切にして、これからも研究に打ち込《こ》みたいと思っています」

研究開発編

素材研究開発者

金属やプラスチック、化学繊維《せんい》、ガラス、紙、塗料《とりょう》などの素材について、優れた性能をもつ新素材を開発する。たとえば、熱に強い、軽くて丈夫《じょうぶ》、割れない、燃えない、水をはじく、電気を通さない、発熱する、傷を自己修復する、自然分解で土に還《かえ》る、何回もリサイクルできる、などの性質をもつ素材だ。

日用品研究開発者

歯や口のケア製品、洗剤《せんざい》（衣料・台所・掃除《そうじ》用など）、防虫製品などを開発する。

医薬品研究開発者

製薬会社で、病気の原因に効く物質の発見や合成、安全性の確認などに取り組む。

バイオ研究開発者

生物の特性を製品開発に活かす。遺伝子や菌《きん》のはたらき、虫や植物の構造などだ。

健康食品研究開発者

健康維持《いじ》や栄養補給につながる食材を開発する。機能性表示食品もそのひとつ。

こんな仕事もある!

ICT 研究開発者
情報通信技術（Information and Communication Technology）を開発する。スマートフォンなどの「情報通信機器」、OS やアプリなどの「ソフトウェア」、インターネットをはじめとする「ネットワーク技術」、高速大容量の「通信技術」、「あらゆるものがネットにつながることで実現する便利なシステム」などだ。

ロボット研究開発者
ロボットの頭脳となるソフト、体となる機械、感覚となるセンサーなどを開発。

航空宇宙研究開発者
ロケットや衛星の打ち上げ、惑星《わくせい》探査、宇宙観測などのための技術を開発する。

モビリティ研究開発者
次世代の「移動手段」となる乗り物や仕組み（たとえば動く歩道）を開発する。

エネルギー研究開発者
化石燃料、原子力、太陽光、水、風、地熱、バイオマスなどのエネルギーを研究。

10代の挑戦！ 研究開発編

❶「なんでだろう?」を5日連続でメモ

試しに5日連続で、身の回りで「なんでだろう？」と思うことを強引にでも見つけてメモしよう。発見のコツがわかってきたら、毎日とはいかなくても、ぜひ楽しみながら続けよう。早瀬さんの言う「疑問を疑問のままで終わらせない」ことも大事。実験したり調べたり、答えに迫《せま》るアクションも起こしていこう。

❷ 悩《なや》ましいことの「なんでだろう?」を考える

汚《よご》れが落ちない。ドアがギーギーうるさい。蓋《ふた》があかない。湿気《しっけ》が多いと髪《かみ》がうねる。雨で傘《かさ》がベチョベチョに。なんでだろう？　悩《なや》ましいことがあったら、便利グッズを探す前に、そんなときこそ原因を科学的に理解することから始めてみよう。

❸ 悩《なや》ましいことの解消に挑《いど》む

悩《なや》ましいことの原因をつかんだら、それを踏《ふ》まえて「こうすれば解消できるかも」と仮説を立て、実際にやってみよう。汚《よご》れの特性を踏《ふ》まえた洗剤《せんざい》を使う、とか。研究開発者も、うまくいかない悩《なや》ましいことの原因を一つひとつ解消していくものだ。

4章

ものづくりや整備をする

INTERVIEW

レースメカニック

マシンを整えて性能を引き出す

株式会社《かぶしきがいしゃ》トムス

杉《すぎ》山《やま》貴《たか》英《ひで》さん

12歳《さい》からレーシングカートを始め、世界選手権ではのちのＦ１ドライバーであるフェルナンド・アロンソやルイス・ハミルトンとも競う。メカニックに転身し、現在は「シティサーキット東京《とうきょう》ベイ」のカート場運営にもたずさわる。

手に汗《あせ》にぎる熱戦を

雨の降りしきるサーキット。会場では、全日本カート選手権シリーズ第2戦の決勝が始まろうとしていた。子どもから大人まで乗れる車、「カート」で競う大会のうち、国内最上位のレースだ。

杉山貴英さんは、メカニックとして20代でこの選手権に参加。チームを組んだドライバーは10代半ばで、彼《かれ》がまだ小学生のころから下位の大会をいっしょに戦い、勝ち上がってきた仲だった。

雨に濡《ぬ》れた路面に合わせ、杉山さんがタイヤや部品をセッティングし、そのマシンに乗ってドライバーがスタート位置に向かう。旗が振《ふ》られ、20台のマシンがエンジン音を響《ひび》かせ走り出し、レースが始まった。マシンの調整もうまくいき、杉山さんのチームは1位に躍《おど》り出た！

だが残り2周でトラブルに見舞《みま》われる。エンジンの中に雨水が侵入《しんにゅう》し、パワーが落ちたのだ。祈るように見守る杉山さん。カートを懸命《けんめい》にあやつるドライバー。迫《せま》る後続のマシン。しかし追いつかせず、ついに1位のままゴール！　ドライバーにとっては選手権初優勝、メカニックの杉山さんにとっても初の栄冠《えいかん》だった。

「ドライバーもメカニックも、レースの

順位でいつも明確な結果をつきつけられるので、ダメなときはほんとうに悔《くや》しいし、苦しいです。それだけに、優勝したときはもう最高にうれしいですね」

より速いマシンになるように

杉山さんはもとからメカニック志望だったわけでなく、かつてはドライバーをしていた。12歳《さい》からレーシングカートを始め、頭角を現し、高校生のときにヨーロッパで行われたカート世界選手権に参戦。夢《ゆめ》は、自動車レースの最高峰《さいこうほう》であるF1のドライバーになることだった。

だが、世界選手権でまさに、のちにF1ドライバーとなる強豪《きょうごう》と競い合い、「自分がF1に行ける可能性は低い」という苦い事実と向き合った。ではこの先どうするか。浮《う》かんだのは「今後挑戦《ちょうせん》する若い子を育てたい」という思いだった。

高校を卒業するとドライバーを辞めて、お世話になっていたチームにコーチ兼《けん》メカニックとして就職。小中高の子どもたちを相手に、ドライビングのアドバイスや、マシンの調整をする日々が始まった。

「ドライバーだったころから『機械的なこともわからないと速く走れないよ』と言われ、メカニックの作業を手伝ってはいたんです。とはいえメカニック本業の

メカニックはレースの現場でマシンの調整にたずさわる　取材先提供

方と比べるとまだまだでしたから、実践《じっせん》の中で学び、先輩《せんぱい》たちからも教わりながら、技術や知識をつけていきました」

モータースポーツの魅力《みりょく》を伝えたい

30代になると杉山さんはまた新たな道に進む。地元の静岡《しずおか》で土地を借り、レンタルカート場を営み、お客さま対応や、カートのメンテナンスに明け暮れた。

「若手育成よりさらに前段階、まだ車に乗ったことがない人にもモータースポーツのおもしろさを知ってほしいと思ったのです。メインのお客さまは子どもたち。お子さんが動力つきの乗り物にはじめて乗ったときの『感動』というのは、こちらにも目に見えて伝わってきて、レースとはまた違《ちが》うやりがいがありました」

　6年後、土地の所有者が変わり、借りていた場所を使えなくなってカート場をたたむことに。そのさいに誘《さそ》われたのが、今いるトムスだった。自動車用品を手がけながら、国内外の自動車レースに参戦している会社だ。全日本カート選手権に「EV（電気自動車）部門」が創設されると、その競技用カートの開発と供給を担当し、EVを軸《じく》とする都市型サーキットも運営。杉山さんはそのEV部門のレースのメカニックや、レンタルカート場の運営を務めることになった。

EVのレースで広がる未来

　全日本カート選手権EV部門の初年度は、波乱の幕開けだったという。事前のテスト走行で万全を期したはずが、いざシリーズ戦が始まると、車体からバッテリーが取れたり、バッテリー内部の断線でカートが止まったり、トラブルが続出したのだ。杉山さんたちメカニックはそのつど対応し、レースの成立に努めた。

　続く2年目もチャレンジの年となった。初の雨天開催《かいさい》。感電など起きないように注意した。初の猛暑《もうしょ》。バッテリーが高温

全日本カート選手権EV部門のレース　取材先提供

になり、風を通すダクトを車体に増設し、放熱ステッカーも貼《は》って対応した。結果、シリーズ戦を通してカートの故障はごくわずかで、毎回熱戦がくり広げられた。

「モータースポーツの世界では『エンジン音』が好きな方も多いのですが、電気で走るEVカートにその音はありません。ですが、だからこそ山奥《やまおく》のサーキットでなく『都市部でレースができる』という魅力《みりょく》があります。レースをまだ観たことがない方でも観にきやすくなったことで、モータースポーツがより盛《も》り上がるきっかけになれば、と願っています。みなさんもぜひ体験にいらしてください」

杉山さんの昔と今の学び

Q どんな子どもだった?

親の仕事の関係で、物心ついたときから車やレースが身近にありました。小学生のときはバリバリのサッカー少年でした。

Q 理科をどのように勉強していた?

小学生のころは実験好き。中学生以降は、教科書よりレースの現場で科学を学んでいました。部品の剛性《ごうせい》(曲げやねじれの力に対する変形のしにくさ)と車の動きの関係とか、タイヤの薬品の調合とか。メカニックは計算式にもふれるので、学校で物理や数学をもっとやっておけばよかったですね。

Q 好きだった教科や活動は?

レース中心だった中学・高校でもサッカーは続けていました。休日はレースがあるので平日の練習のみ参加して。10代のころからレースを通して大人たちと協働したのもよい経験でした。

Q 今は何をどう学んでいる?

EV(電気自動車)のことを人に聞いたり、動画を見たりして学んでいます。EVのモーターやバッテリーを専門にあつかうメカニックは別にいて、僕《ぼく》は車体をメインに担当していますが、協力し合うにはやはりEVの仕組みの理解が欠かせません。

レースメカニックの専門性

Q どうすればなれる？

自動車の構造を理解し、整備の技術も身につけていこう。そうしたスキルを、工業高校・専門学校・大学などの授業や部活動（自動車部など）で学ぶ人もいれば、子どものころから自動車レースに参加して獲得《かくとく》する人もいる。就職先としてめざすのは、レーシングチームをもつ会社。具体的には、自動車メーカーや、自動車の部品・デザイン・整備を手がけている会社などだ。

Q 何を勉強しておくとよい？

理科で習う「運動」「エネルギー」「力」「電気」などについて理解を深めておこう。フォーミュラＥの日本開催《かいさい》など、自動車業界やレース業界の最近の動向についても調べておきたい。

Q ほかに大切なことは？

「車やレースが好きで、探究したくなる気持ちをもっていること」だと杉山さん。レースの現場では、マシンをどう調整するか、その場で判断する力も問われる。

めざせ、自分のレベルアップ！

車が好き　**探究心**　**状況判断**

PICK UP

ものの性能を引き出すための理科

マシンを開発し、本番ぎりぎりまで調整を加える

自動車レースには「エンジニア」と「メカニック」という2タイプの技術者がかかわっている。両者の違《ちが》いを押《お》さえつつ、ものづくりに生きる理科の力を見ていこう。

「エンジニア」の役目は、より速いマシンを創造しようと、エンジンやＥＶモーター、ボディー、足回り部品などを開発することだ。また、レースが近づくと、サーキットのコースやドライバーに合わせて、マシンをどんな方向性に仕上げるかも考える。パワー重視、操作性重視、直線が速い車、コーナーが速い車、などというように。こうした開発では、**走るマシンの内部や外側でどんな物理現象が起きるか理解したうえで、どのパーツの何を変えるとどうなるかイメージし**、走る・曲がる・止まるといった自動車の性能を高めるメカニズムを考えることになる。**加速や摩《ま》擦《さつ》をはじめとする運動**

■レーシングカーが仕上がるまで

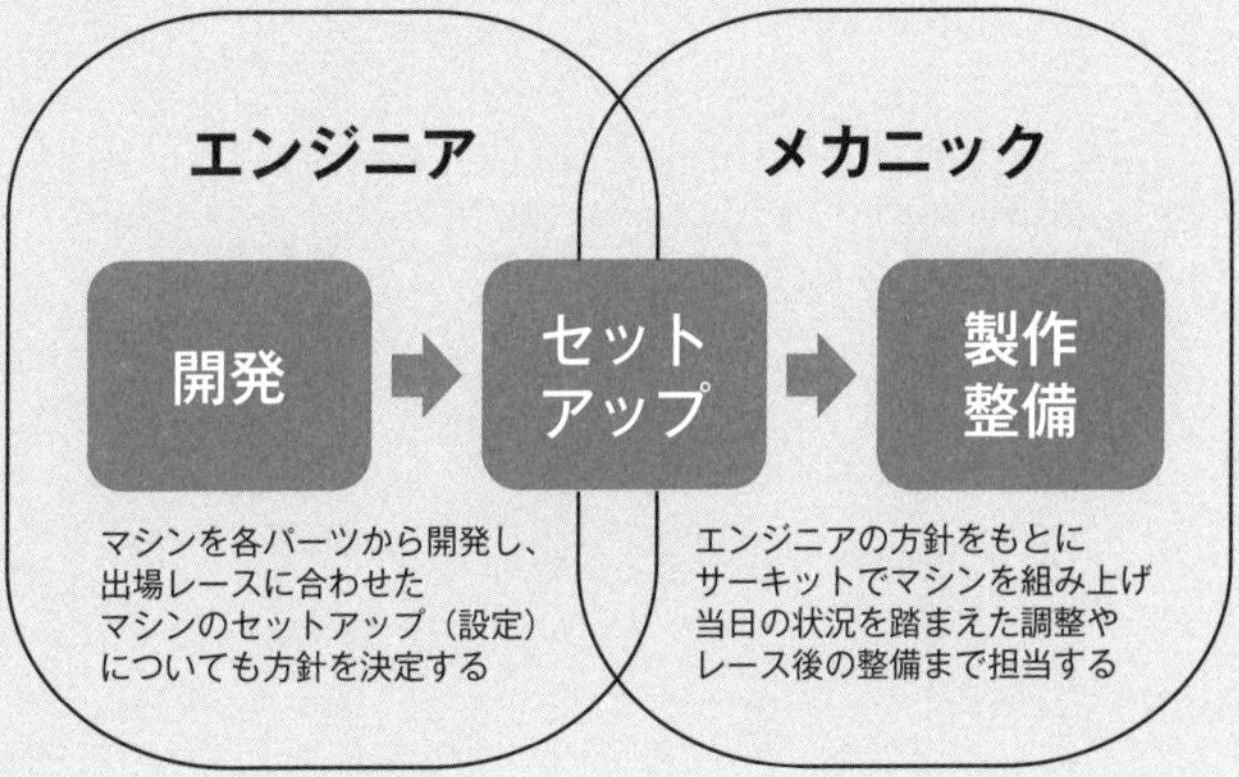
エンジニア
メカニック
開発
セットアップ
製作
整備
マシンを各パーツから開発し、
出場レースに合わせた
マシンのセットアップ（設定）
についても方針を決定する
エンジニアの方針をもとに
サーキットでマシンを組み上げ
当日の状況を踏まえた調整や
レース後の整備まで担当する

の規則、燃焼による体積や圧力の変化、電気や磁気の特性、力の合成や分解など、幅広《はばひろ》い物理現象への理解が必要だ。

一方の「メカニック」の任務は、レースの現場でマシンを組み上げることだ。天候やドライバーの声を踏《ふ》まえてマシンの最終調整も行い、レース途中《とちゅう》や終了《しゅうりょう》後のパーツ交換《こうかん》やメンテナンスも担当する。こうした作業をするには、マシンの構造を、力の伝わり方やエネルギー変換《へんかん》の面から理解しておくことが欠かせない。また、マシンの調整では、情報を集めて分《ぶん》析《せき》し、仮説と検証をくり返して最適解を探すという科学的なアプローチを取る。

メカニックの杉山さんはそれを**「トライ&エラーをしながら考える」**と表現する。

「カートのレースでは、決勝前に練習走行や予選があるので、その走行を自分の目で確認し、走り終えたドライバーにも必ず感触《かんしょく》を聞きます。データロガーという区間ごとのタイムやエンジン回転数を測定できる装置《そうち》を使い、数値化・グラフ化されたデータも分析《ぶんせき》します。そうして集めた情報から、たとえば『リアタイヤ（後輪）が滑《すべ》ってタイムロスが生じている』という課題が見つかれば、マシンのセッティングを見直すなど、どうすれば改善できるかを考えます。つぎに考えた作戦を試して、改善したかダメだったかをまた分析《ぶんせき》します。ダメならダメだった原因を考え、また別のことを試して。そうしていろいろ試しながら学んだことを、レースに活かしていくのです」

レースの現場で即座《そくざ》に対応していけるように

ちなみに「リアタイヤが滑《すべ》る」ときの対策のひとつは、そのタイヤの回転軸《じく》となる鉄の棒の部品を、軟《やわ》らかいものからより硬《かた》いものに交換《こうかん》することだ。リアタイヤが路面にギュッと押《お》しつけられるようになる。ところがその結果、タイヤが路面に張りつ

トライ＆エラーをくり返しながらベストな状態をめざす

いてうまく進まなくなることや、曲がらなくなることもあるそうで、「最適なバランス」を探ることが重要になるという。

そもそもマシンの調整はほかにもやれることがたくさんある。だからメカニックには、**集めた情報をもとに何をするか、その場で見定める状況《じょうきょう》判断能力も必要だ。**

では、その判断力はどうすれば鍛《きた》えられるのだろう。杉山さんは即答《そくとう》した。

「ふだんからいろいろな状況《じょうきょう》を常に考えておくことです。こんな状況《じょうきょう》のときはこうしよう、この可能性もあるからここも考えておこう、と。日々の探究心が、現場の対応力につながるのだと思います」

ものづくり編

航空整備士

航空機が安全に飛べるように、空港で機体の点検・整備を行う。空港に到着《とうちゃく》した航空機をつぎの出発までに点検・整備する「ライン整備（運航整備）」、格納庫に入れた航空機を定期点検・整備する「ドック整備（機体整備）」、工場で分解したエンジンや計器類を修理する「ショップ整備（工場整備）」などの仕事がある。

自動車整備士

自動車販売《はんばい》店や自動車整備工場で、定期点検や、故障した車の診断《しんだん》や修理を行う。

自転車屋さん

お店で自転車を販売《はんばい》し、車体の組み立てや、不具合の点検・修理も担当する。

フィールドエンジニア

工場やビル、住宅にある電気・空調・上下水道設備などの設置や整備をする。

工場作業員

工場の製造現場で、部品の組み立てや、機械を操作しての加工や包装《ほうそう》を担当する。

こんな仕事もある!

レースエンジニア

レーシングカーを開発し、レースに合わせたマシンのセットアップ（走行できる状態への設定）まで行う。レーシングチームの技術面の責任者を「レースエンジニア」と呼ぶのが一般的《いっぱんてき》。そのリーダーのもとで「エンジンやボディーを設計するエンジニア」や「走行データやコースを分析《ぶんせき》するエンジニア」も活躍《かつやく》。

機械設計エンジニア

自動車や航空機、ロボット、家電、医療《いりょう》機器などの機械の設計を担当する。

回路設計エンジニア

スマートフォンやパソコン、家電などに内蔵される電子回路の設計を担当する。

建築士（構造設計）

暮らしやすい空間で、重さや地震《じしん》にも耐《た》えられるように、建物の構造を設計する。

生産技術エンジニア

「工場でモノの加工や組み立てをする装置《そうち》や製造ライン」を設計し、立ち上げる。

10代の挑戦！ものづくり編

❶ 自転車の走りを科学する

自転車の走りを、力の伝わり方の面からとらえてみよう。人がまたがり、ペダルを漕《こ》ぎ、ハンドルを切ると、どの箇所《かしょ》にどの方向の力がはたらくのか。風や坂道、姿勢はどう影響《えいきょう》するのか。自転車の写真に、力の向きを矢印で書いたりして予測し、そのうえで自転車の走行のことをネットや本で調べてみよう。

❷ 充電《じゅうでん》の達人になる

スマートフォンなど充電《じゅうでん》して使う機器が多くなった現代。「ワイヤレス充電《じゅうでん》の仕組み」や「充電《じゅうでん》器やケーブルのタイプ・長さで充電《じゅうでん》時間が変わる理由」を電気の特性から理解しよう。そしてバッテリーを長もちさせつつ効率よく充電《じゅうでん》するなど、「電気を今以上に使いこなす」ための一歩目を踏《ふ》み出そう。

❸ 自動車のエネルギー変換《へんかん》に着目

理科の教科書で運動エネルギーや電気エネルギーのことを学んだうえで、ガソリン車や電気自動車が「走る」ためにどんなエネルギー変換《へんかん》をしているのか、仕組みを理解することに挑《いど》もう。

5章

健康や安全を守る

INTERVIEW

医師

診察や治療で人の健康を支える

亀田《かめだ》総合《そうごう》病院《びょういん》

産婦人科部長代理

門《かど》岡《おか》みずほさん

医科大学を卒業後、初期研修、産婦人科研修、NICU（新生児集中治療《ちりょう》室）の経験をへて亀田総合病院に。２児の母でもあり、「患者《かんじゃ》さんから求められる医師」と「子どもからかっこいいと思われる母」の両立をめざしている。

体も心も健康でいられるように

「きっかけは、少し暗い話になりますが」

門岡みずほさんはそう断って、医師をめざした理由を語ってくれた。

高校生のときに、友だちが病気で亡くなってしまった。拒食症《きょしょくしょう》だった。悲しくて、ショックで、その現実を前に無力だった自分が悔《くや》しかった。彼女《かのじょ》のように体や心が弱った人の力になれないか。それまでは文系志望だった門岡さんが「医師になろう」と決心したできごとだった。

そこからは医科大学で学び、実習で病院の現場も体験した。卒業後は研修医として、2年間は内科や外科などいろいろな科を経験し、つぎの3年間は産婦人科で経験を積んだ。そうして歩みはじめたのが、産婦人科の医師になる道だった。妊娠《にんしん》や出産、女性特有の疾患《しっかん》などについて、サポートや治療《ちりょう》をする。

「学生時代の実習や、研修医の経験を通して、『産婦人科医というのは、女性のトータルライフを支えていく魅力的《みりょくてき》な仕事だな』と思うようになったのです」

現在、門岡さんは亀田総合病院の医師として、妊婦《にんぷ》さんや、生まれてくる赤ちゃん、妊娠《にんしん》を考えるカップルといった人びとが健康でいられるよう支援《しえん》している。

診《しん》察《さつ》から手術まで引き受けて

　仕事の基本は、病院に通ったり入院したりしている妊《にん》婦《ぷ》さん、産《さん》褥《じょく》婦《ふ》さんを診《しん》察《さつ》すること。そのさいは、お産を支《し》援《えん》する助産師との連《れん》携《けい》が欠かせない。まずは健康状態、生活習慣、育児サポート環《かん》境《きょう》、不安などを、本人や家族から聞き取る。体の状態をつかむために観察したり、手でふれたりする。血圧や尿中の糖、蛋《たん》白《ぱく》を調べ、必要時には血液検査も。胎《たい》内《ない》の赤ちゃんのようすは超《ちょう》音《おん》波《ぱ》診《しん》断《だん》装《そう》置《ち》や胎《たい》児《じ》心拍数モニタリングで評価する。

　そうした診《しん》察《さつ》をくり返し、特に異変は起きず、妊《にん》婦《ぷ》さんの体の中で赤ちゃんを外に押《お》し出そうとする「陣《じん》痛《つう》」が始まり、自然に産まれる日を迎《むか》えたら、そのお産は助産師と協力してサポートする。

　だが、お産の前後には得てしていろいろなことが起こるものだ。お腹の張りや痛みが続くなど、胎《たい》内《ない》の赤ちゃんが十分に育たず出てくる「早産」になりかねない兆《ちょう》候《こう》が表れた。妊《にん》娠《しん》による体の変化で妊《にん》婦《ぷ》さんの血圧や血糖値が上がり、本人や赤ちゃんの健康を害する恐《おそ》れが出てきた。胎《たい》内《ない》の赤ちゃんの発育に停《てい》滞《たい》傾《けい》向《こう》が見られた。こうした異常を早期発見し、適切に対処するところは、門岡さんたち

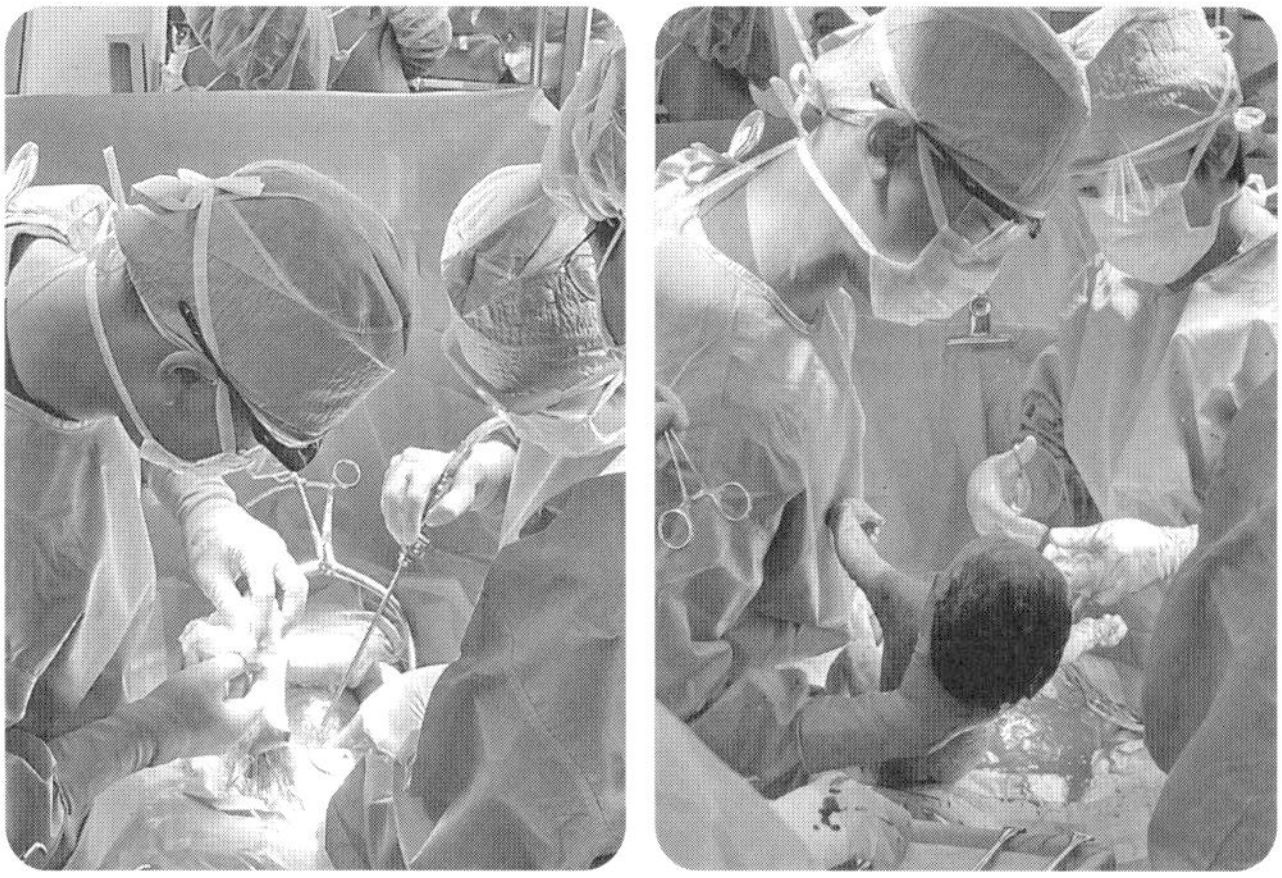

帝王切開（写真左）で赤ちゃんを取り出す（写真右）　取材先提供

医師が中心になって進めるのだ。

　発見した課題の解消のために、生活改善のアドバイスをしたり、薬による治療《ちりょう》をしたりする。「自然のお産を待つと母子が危険」と判断し、帝王切開の手術で赤ちゃんを取り出すこともしばしば。

「実は子どものころは血を見るのが苦手で、こんなに血にふれる職場で働くとは思ってもいませんでした（笑）。苦手意識は、お医者さんになりたい、という思いで乗り越《こ》えられたように思います。はじめて手術をしたときは、ドキドキ緊張《きんちょう》しましたが、それ以上に『がんばるぞ!』という気持ちのほうが強かったです」

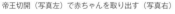

医師として何ができるだろう?

この仕事のすてきなところは、「人の人生の局面にかかわり、『おめでとう』を言えること」だと門岡さんは語る。

「はじめて赤ちゃんと対面したお母さんが喜び、お父さんもワーッとうれし泣きしたりして。そんな幸せなシーンにかかわれることって、なかなかないですよね」

一方で、人生の局面にかかわるからこそ苦悩《くのう》と向き合うこともある。流産になった妊婦《にんぷ》さんがいる。出産前に、赤ちゃんに生まれつきの病気があると判明することがある。悩《なや》んだすえに、産むことをやめる妊婦《にんぷ》さんがいる。産み育てたいと望みながら、生後まもない赤ちゃんと死別する妊婦《にんぷ》さんもいる。力になりたくても、なりきれないことがなおあるのだ。

でもそんなときでも「何もできないわけではないのかもしれない」ということを、門岡さんは研修医のときに学んだ。

「がんの患者《かんじゃ》さんが亡くなったときに、ご家族が『今までありがとうございます。いい最期を迎《むか》えられました』と声をかけてくださったんです。命を救えなかった。そうしたときでも、それまでの過程で寄り添《そ》えることがあるんだ、と。そのことを患者《かんじゃ》さんとご家族から教わりました」

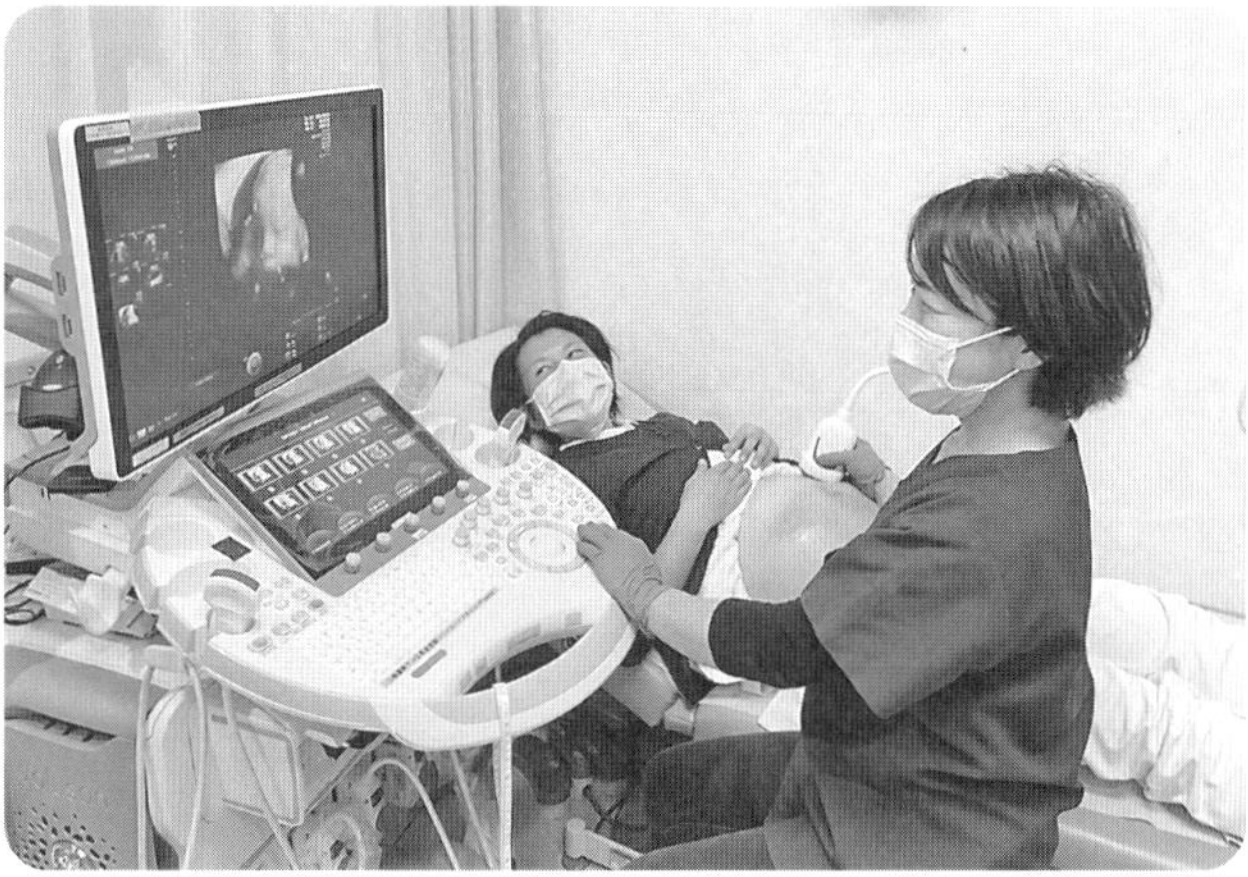

超音波検査で胎内の赤ちゃんを確認　　取材先提供

だから門岡さんは、赤ちゃんの病気や死別と直面したようなときも、「妊婦《にんぷ》さんが起きたことを受けとめて前に進める」ように支えていきたいと思っている。たとえば、胎内《たいない》の赤ちゃんといっしょに過ごす時間を大切にできるように後押《あとお》しして。また、そうした妊婦《にんぷ》さんのためにも医学を学び続けたいという。

「周産期医療《いりょう》はまだわからないことが多く、医療《いりょう》技術も年々進化していて、今なお知りたいことだらけなんです。患者《かんじゃ》さんから求められる医師でありたい、というのが私の目標ですが、そのためにはこの先も一生、勉強なのだと思います」

門岡さんの昔と今の学び

Q どんな子どもだった?

みんなでワイワイやるのが好きで、でも負けず嫌《ぎら》いでした。球技大会とかになると、「絶対勝つ！」となるような（笑）。

Q 理科をどのように勉強していた?

教室で学んでから校庭で樹木を観察するなど、学習を追体験する授業が好きでした。理科が得意なわけではなかったので、勉強面で助言できることは少なく……。ただ、その立場からすると、「自分のやりたいことがはっきりすると、勉強の得意・不得意を乗り越《こ》えてがんばれると思うよ」とは伝えたいですね。

Q 好きだった教科や活動は?

中学から大学まで、テニスをしていました。好きだった教科は英語です。英語を話すのが上手なラジオのパーソナリティーを真似て英語の発音を練習したりしていました。

Q 今は何をどう学んでいる?

診察《しんさつ》や治療《ちりょう》に必要な医学情報や技術を、書籍や論文を読んだり、勉強会や学会に参加したりして学んでいます。最近はオンライン勉強会が増えたので、家に帰ってからは、まだ幼い子どもたちのお世話をしながら耳だけで学んだりしています。

医師の専門性

Q どうすればなれる?

大学の医学部に進学し、6年かけて学び、医師国家試験を受けて、医師免許《めんきょ》を取得しよう。学生のときから実習の授業では、内科や外科などさまざまな科を体験。また、医師免許《めんきょ》を取ったあとも、初期研修医として2年間はいろいろな科を回る。そうした経験のなかから自分が専門とする分野を決め、さらに後期研修医として一定期間働き、一人前の医師になっていく。

Q 何を勉強しておくとよい?

診断《しんだん》や治療《ちりょう》に必要なのは、理科（人体や薬の知見など）や数学（論理的思考)、国語（患者《かんじゃ》さんとのコミュニケーション）の力。世界の医学情報を吸収できるよう、英語力も高めたい。

Q ほかに大切なことは?

「相手を思いやる優しさ」と門岡さん。でも優しく接するだけでは不十分で、「医学的根拠《こんきょ》をもってかかわるのが医師」とも強く思うそう。だからこそ医学について学び続ける姿勢も必要だ。

めざせ、自分のレベルアップ！

医学	優しさ	学び続ける

5 健康や安全を守る

PICK UP

人の命や健康を守るための理科

健康をむしばむ原因を特定して解消する

医療《いりょう》の現場で理科の知見がどう生きるのか、場面ごとに追いかけてみよう。

①患者《かんじゃ》さんの課題の早期発見をめざす……患者《かんじゃ》さんの健康を守るための一歩目となるのが、診察《しんさつ》による現状把握《はあく》だ。医師の門岡さんは、患者《かんじゃ》さんから今の状態を聞き取り、**知り得た情報をもとに、意識を向けるポイントを見定めながら診察《しんさつ》を進める**という。

たとえば「お腹が張る」と訴《うった》える妊婦《にんぷ》さんのなかには、胎盤《たいばん》が剥《は》がれてしまう緊急《きんきゅう》性《せい》の高い疾患《しっかん》を抱《かか》える人もいる。聞き取りでその懸念《けねん》が強まれば、門岡さんは血液検査でも胎盤《たいばん》の異常により変化しうるデータに着目し、超音波《ちょうおんぱ》検査でも胎盤《たいばん》にも注意を払う。どの患者《かんじゃ》さんにも同じ診察《しんさつ》をするようで、人によって焦点《しょうてん》の当て方を変えているのだ。理科の授業でタマネギの細胞《さいぼう》を顕微鏡《けんびきょう》で観察するときに、「細胞分裂《さいぼうぶんれつ》を調べた

■医師が使っているおもな科学的な知見は？

体のつくりやはたらき
細胞や遺伝子、血液、神経、臓器の成り立ちなど

病気の原因やメカニズム
病気の症状は何を原因にどのように現れるのか

検査や治療に使う薬
アルカリ性・酸性を利用した検査薬、菌に効く抗生剤など

科学技術を使う医療機器
超音波やX線、赤外線、ロボット技術の活用など

い」などと目的を定めたうえで、分裂《ぶんれつ》中の細胞《さいぼう》が多い部位を調べるような感じだ。

医療《いりょう》機器や検査薬を科学的に理解することも重要。門岡さんは超音波《ちょうおんぱ》検査のために物理を学び直したことがあるという。

「超音波《ちょうおんぱ》の波形や波長への理解を深めると、鮮明《せんめい》な画像を撮《と》ることや、画像の正確な評価ができるようになるんですよ」

さらに学んだ知識に加えて、技術向上の努力も続け、診断《しんだん》力を高めていく。

こうした診察《しんさつ》や検査で、患者《かんじゃ》さんの心身にひそむ「異常」をいち早く突《つ》き止めるのが医師の大きな使命。**異常に気づくには、大前提として「正常なときの体の**

つくりやはたらき」を理解しておくことが必要で、それこそ理科の授業で学ぶことだ。

②課題解決のための方針を決める……細菌《さいきん》による感染症《しょう》にかかっていた、妊娠《にんしん》にともなう糖尿病《とうにょう》が発症《はっしょう》した。そうした健康上の課題が明らかになったら、課題をどう解決するか考え、治療《ちりょう》方針を決める。**病気には個体差があり、体調も刻々と変わるので、治療《ちりょう》方針はある意味で「仮説」と言えるくらい、状況《じょうきょう》に応じて柔軟《じゅうなん》に更新《こうしん》する**という。

「たとえば細菌感染症《しょう》なら、通常は抗生剤《こうせいざい》の治療《ちりょう》を行います。論文や国のガイドラインなど客観性のある事実をもとに、安全かつ効果的な抗生剤《こうせいざい》の投与《とうよ》量や期間を見定めて。ですが、薬剤《やくざい》に耐性《たいせい》をもつ菌《きん》もあるので、もし薬が効かなければ、手術による治《ち》療《りょう》も患者《かんじゃ》さんに提案します。この治療《ちりょう》を行い、こんな回復または反応があればつぎはこうする、というように、いくつかのパターンを想定しながら治療《ちりょう》を進めるのです」

医療《いりょう》の進歩と普及《ふきゅう》のために

門岡さんは同僚《どうりょう》の医師たちと、新たな医療《いりょう》の実践《じっせん》にも挑《いど》んでいる。国に承認された新薬を、患者《かんじゃ》さんの了解《りょうかい》を得て治療《ちりょう》に使ったり、「家にいながらお腹の赤ちゃんが元

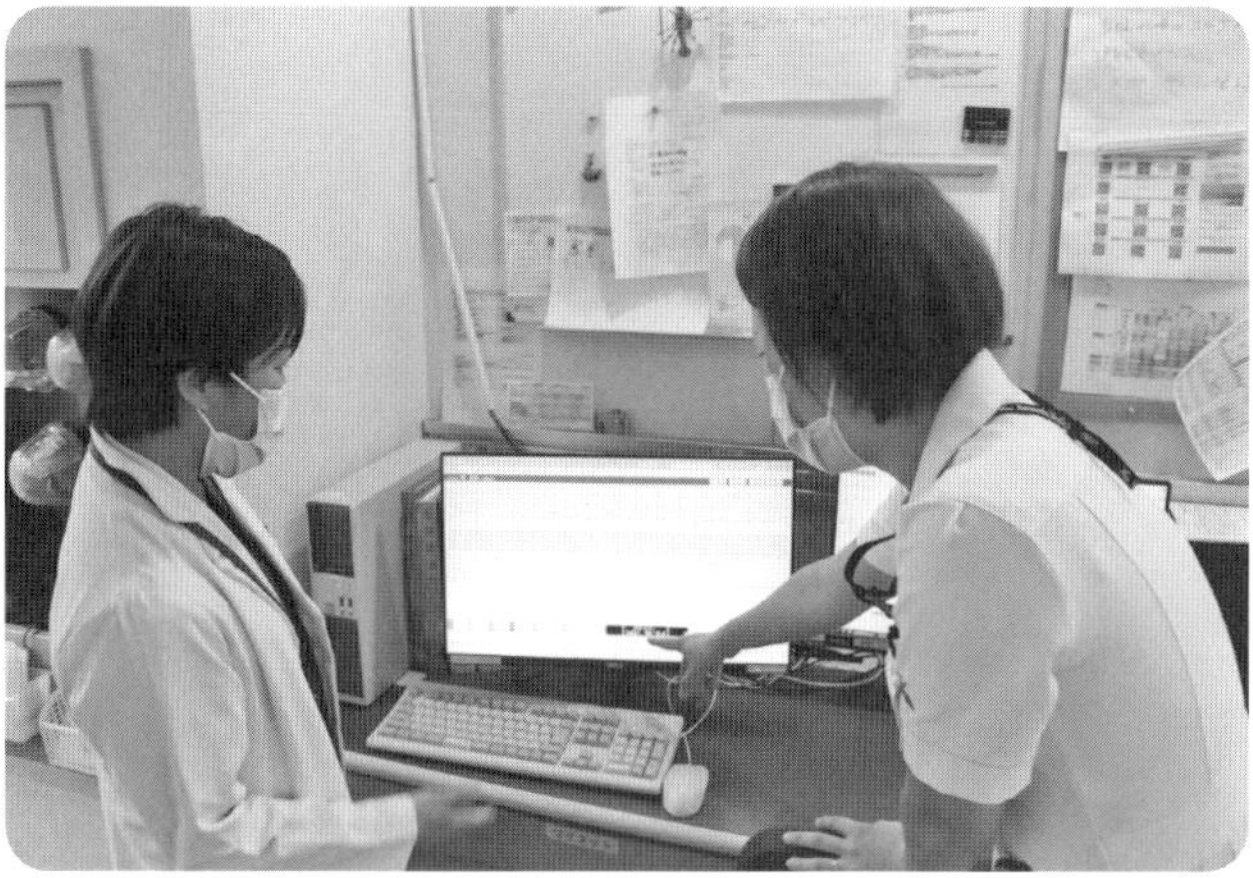

患者さんの情報をスタッフとともにチェック

気かどうか確認できるシステム」を導入し、出産前に長期入院しなくてよい体制をめざしたり。そしてそれらの事例を学会や論文で発表することもしている。**患《かん》者《じゃ》さんの診察《しんさつ》や治療《ちりょう》をしながら、データを集めて分析《ぶんせき》し、実践《じっせん》の効果を立証して論文にする**のだ。そうした発信によって、世界中の医療《いりょう》関係者がその情報を参考によりよい診察《しんさつ》・治療《ちりょう》をめざしていける。

「目の前の患者《かんじゃ》さんはもちろん、医療《いりょう》の実践《じっせん》や症例《しょうれい》を世に伝えることで、よりたくさんの患者《かんじゃ》さんや妊婦《にんぷ》さんにも貢献《こうけん》できたらいいなと。そうした取り組みも、われわれ医師の役目だと思っています」

健康サポート編

看護師・助産師

看護師は、病気やケガをした人の観察やケア、医師の診療《しんりょう》のサポートを担当。助産師は、妊産婦《にんさんぷ》さんや赤ちゃんのケアや相談役、退院後の生活のフォローを行う。助産師になるには、看護師資格を取得後、助産師資格も取る必要がある。看護師や助産師のなかにも、医師と同じく論文発表までしている人がいる。

歯科医師

虫歯や歯周病などの歯の治《ち》療《りょう》や、歯並《はなら》びの矯正《きょうせい》、歯の健康診断《しんだん》や健康指導を行う。

救急救命士

急病や事故の現場に救急車で駆《か》けつけ、応急処置をする。消防署勤務が基本。

獣医師《じゅういし》

ペットから家畜《かちく》まで、動物の病気やケガの治療《ちりょう》をする。伝染病の予防にも努める。

薬剤師《やくざいし》

薬局や病院で、処方箋《しょほうせん》にもとづく調剤《ちょうざい》をし、薬の飲み方や管理の仕方も伝える。

こんな仕事もある!

理学療法士《りがくりょうほうし》・作業療法士《さぎょうりょうほうし》

病気やケガをした人や、障害のある人に対して、医学的なリハビリテーションを行う。理学療法士《りがくりょうほうし》は「立つ・歩く・座る」など基本動作の回復や維持《いじ》のための訓練・治療《ちりょう》を担当。作業療法士《さぎょうりょうほうし》は「家事をまたしたい」「仕事に復帰したい」など本人が望む日常生活を取り戻《もど》すための訓練・治療《ちりょう》を担当する。

言語聴覚士《げんごちょうかくし》

「会話」「読み書き」「食べ物の飲み込《こ》み」などに困る人のリハビリを担当。

保健師

保健所や保健センターで、地域の人びとの健康を守るための指導や相談を行う。

臨床《りんしょう》検査技師

超音波診断装置《ちょうおんぱしんだんそうち》を使った検査や、血液検査や尿《にょう》検査など、専門的な検査をになう。

診療《しんりょう》放射線技師

X線やCTをはじめ、放射線などを利用した検査・治療《ちりょう》を担当する。

10代の挑戦！ 健康サポート編

❶ 自分の「腹下し」の分析《ぶんせき》と予防に挑《いど》む

お腹が下ったときに、なぜそうなったのかを分析《ぶんせき》しよう。食べすぎ？　ある食べもののせい？　お腹が冷えた？　緊張《きんちょう》？　その分析《ぶんせき》を踏《ふ》まえて、テストや大会、デートなどのときに腹が下らないようにする「体調の整え方」を見つけていこう。

❷ 胃腸のはたらきと腹下しの原因を学ぶ

腹下しの分析《ぶんせき》をしやすくするために、理科の教科書で「体のはたらき」を、特に胃腸のことを学ぼう。そのうえで、本やネットで腹下しの原因（いろいろなケースがある）を調べると、理解しやすく、自分の体に何が起きたのかの分析《ぶんせき》も進むはずだ。

❸ 胃腸によいことを科学的根拠《こんきょ》をもとに集める

胃腸によいとされている生活習慣について、科学的根拠《こんきょ》のあるものを集めて役立てよう。十分な根拠《こんきょ》があると言えるかどうかは、ぜひ理科の先生のチェックを受けてほしい。また、医師の門岡さんいわく「医学的に正しいとされていたことが後年くつがえされることもある」のだそう。最新の情報を学び続けよう。

6章

生き物や自然の魅力を届ける

INTERVIEW

水族館の飼育員

水生生物を見守り
その魅力を発信する

アクアワールド茨城県大洗水族館《いばらきけんおおあらいすいぞくかん》
魚類展示課

鈴木理仁《すずきまさと》さん

大学を卒業後、アクアワールド・大洗の飼育《しいく》員に。学生時代に専門的に研究したのは、ダツという魚だそう。すごく細長くてギザギザした鋭《するど》い歯をもった魚だ。現在は魚の飼《し》育《いく》のほか、海岸に漂着《ひょうちゃく》したウミガメの調査研究も担当。

海の世界を再現して

茨城県にある水族館「アクアワールド・大洗」。館内3階の大型水槽《すいそう》の前にくると、来場者の足が自然に止まった。

水上から太陽の光のようなライトがふりそそぎ、水中にある岩のような珊瑚礁《さんごしょう》、その上にある黄色い枝状の珊瑚《さんご》、深緑のテーブル状の珊瑚《さんご》を照らしている。その空間を悠然《ゆうぜん》と泳ぐ、白黒黄青のカラフルな熱帯魚たち。枝状の珊瑚《さんご》のすきまには、淡《あわ》いグリーンやブルーにかがやくスズメダイという小型魚が100匹《ぴき》以上じっとしていて、まるで木の葉のよう。かと思えば、その小さな魚が群れをなしていっせいに動きだし、光の反射できらめきながら水中を横断。ほかの魚が近づくと、群れ全体がひとつの生き物のようにさっと変形し、別方向に進んでいく。

「きれい……」と女性が連れの男性につぶやき、「すげーっ」と男の子が声をあげ、母親も「すごいね」と笑顔《えがお》で応じた。そのようすを後方から、飼育《しいく》員の鈴木理仁さんがうれしそうに眺《なが》めていた。

南国の海を全身で学ぶ

鈴木さんは子どものころから水族館や動物園が好きで、将来は生き物にかかわる仕事がしたいと思っていた。水族館の飼育《しいく》員をめざそう、と決めたのは高校生のときだ。琉球《りゅうきゅう》大学の海洋自然科学科を志望し、合格すると、海洋について学びながら、沖縄《おきなわ》の海にもぐる日々を送った。

「水族館には南国の海をイメージした水《すい》槽《そう》がたいていあります。大学受験のときから、沖縄の海を知ることが自分の強みのひとつになれば、と思っていたんです」

だが、全国の水族館の飼育《しいく》員の募集《ぼしゅう》は限られている。大学4年生の就職活動では、採用にいたらなかった。あきらめきれない鈴木さんは「もう一回だけチャンスを」と親に断り、翌年も全国の水族館の選考に挑戦《ちょうせん》。晴れてアクアワールド・大洗に採用され、念願の飼育《しいく》員になった。

魚とのかかわりを模索《もさく》して

なってから感じたのは「まだまだ知識が足りない！」ということだったという。

サメやマンボウ、クラゲ、カワウソ、イルカなど、水族館で暮らす海や川の生き物たち。飼育《しいく》員の任務は、エサやりと掃除《そうじ》をしながら、それら生き物の健康を守ることだ。水槽《すいそう》を回り、エサの食べ残しやフンを片づけ、水温や水質をチェック。決められた時間にエサをやり、食べ方や泳ぎ方、見た目などから健康を推し

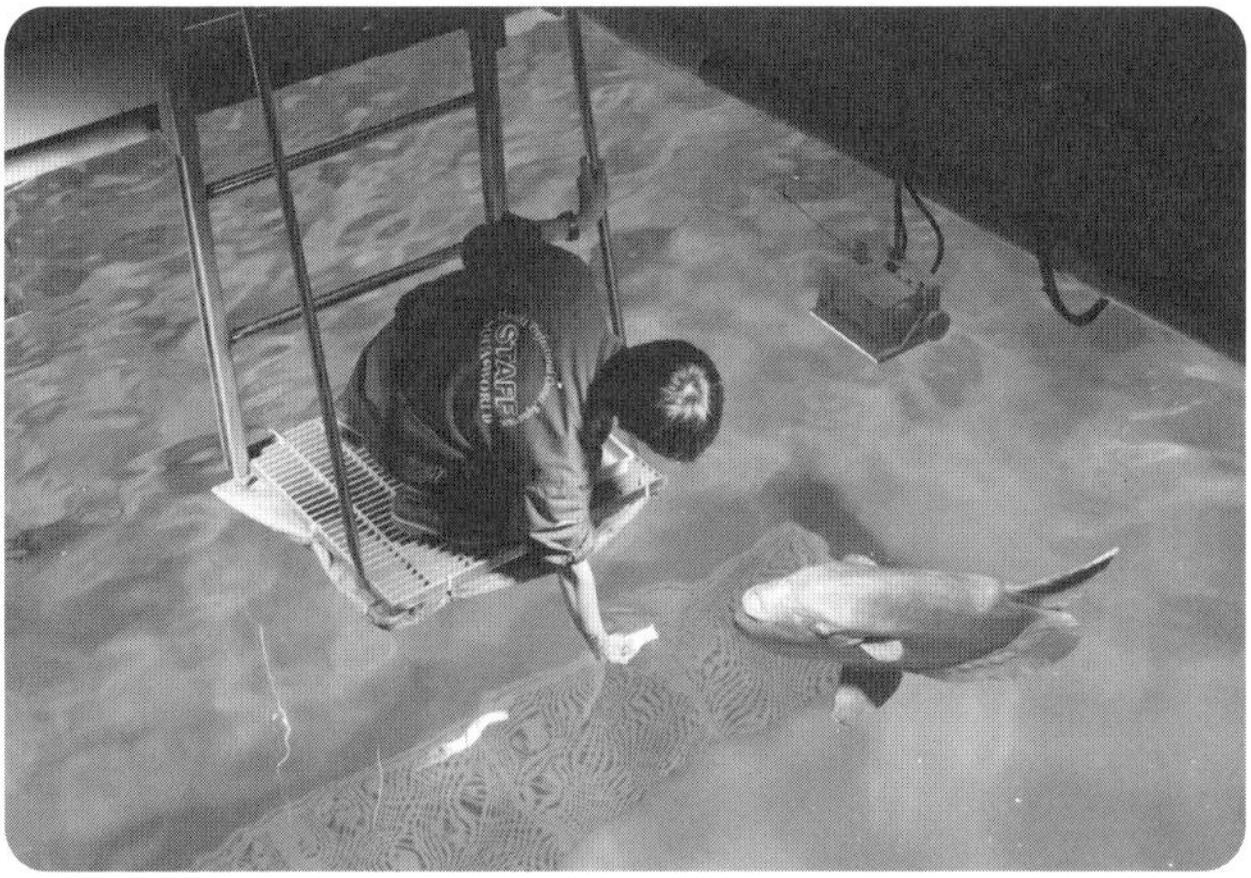

マンボウにエサをやりながら体調をチェック

はかる。午後になればエサやりに加えて水槽《すいそう》の掃除《そうじ》も。また、館内でのお客さまへの解説や、裏側を見せるバックヤードツアーの案内も担当するのだが……。

「先輩《せんぱい》から『メバルは最近三つに分類されたからこう解説して』と教わり、『自分の知識が古くなっている！』と衝撃《しょうげき》を受けたり。何よりも不足していたのは飼《し》育《いく》の技術です。大学までの勉強で、どの魚が自然界で何を食べるかは知っていましたが、水槽《すいそう》の中でどんなエサをどう食べるかはわからなくて。飼育《しいく》員が顔を出すだけで、エサくれ、エサくれ、と寄ってくる魚もいれば、水槽《すいそう》の下のほうで知らんぷりのままの魚もいるんですよ」

エサを食べてほしいのに食べてくれない魚がいたり、病気に気づかずに魚を死なせてしまったり、悩《なや》み落ち込《こ》むことも経験した。反省してつぎに活かそうと、エサやりを工夫し、生き物を全体・個体の両面から見るなど観察する目も鍛《きた》えていった。そうして飼育《しいく》員3年目を迎《むか》えたとき、鈴木さんはある大役を任された。

どんな自然の魅力《みりょく》を届けよう？

水族館は、多様な海や川の世界をお客さまに届けるために、定期的に水槽《すいそう》の中身を入れ替《か》える。鈴木さんは、3階の大型水槽《すいそう》のリニューアルを任されたのだ。

今まで「沖縄の海」と題していた水槽《すいそう》の中身の入れ替《か》えで、鈴木さんの学生時代の経験を大いに活かせる仕事だった。

上司や学生時代の友人、生きた魚をあつかう業者らと相談し、構想を練った。

「魚種の構成や雰囲気《ふんいき》で参考にしたのが沖縄県南部にある大度《おおど》海岸です。群れをなすスズメダイをメインに据《す》え、小さな魚たちが縦横無尽《むじん》に泳ぎまわるようすや、敵から逃《のが》れて珊瑚《さんご》のすきまにバッと隠《かく》れるところなど、ダイナミックな群れの動きを見ていただけたら、と考えました」

まずは予備水槽《すいそう》で魚たちが共生できる

魅力的な自然をお客さまに伝えていく

か確認。そのうえで展示用の水槽《すいそう》に移し、約40種3000匹《ひき》が暮らす空間を公開。「きらめく珊瑚礁《さんごしょう》の魚たち」と名づけた水槽《すいそう》は、お客さまにも大好評となった。

「お客さまの反応は自分でも確認しますが、喜ばれている姿や、熱心に写真を撮《と》っている姿を見るとすごくうれしくなります。水槽《すいそう》をより理想的な空間にするために、まだまだできることはあると思うので、今後も展示や飼育《しいく》の技術を、先輩《せんぱい》はもちろん、全国の水族館の工夫からも吸収したいです。『鈴木がいてよかったよ』と、まわりから思ってもらえる飼育《しいく》員になれたら、と思っています」

鈴木さんの昔と今の学び

Q どんな子どもだった?

生き物がなんでも好きでした。動物はもちろん、昆虫《こんちゅう》も。動物のことを取りあげるバラエティー番組もよく見ていました。

Q 理科をどのように勉強していた?

理科全般《ぜんぱん》が好きだったので、授業を真面目《まじめ》に聞いていました。県内の科学館をまわるスタンプラリーのようなものがあって、いろいろな科学館をめぐったことも。水族館や動物園も好きでしたし、家ではよく図鑑《ずかん》も読んでいました。「楽しいな」「おもしろいな」を出発点に学ぶことができたように思います。

Q 好きだった教科や活動は?

理科以外で好きだった教科は社会科、特に日本史です。部活動で剣道《けんどう》をやっていたので、チャンバラではないですが（笑）、武将がしのぎを削《けず》る戦国時代に興味をもっていました。

Q 今は何をどう学んでいる?

飼育《しいく》や展示のための技術を、先輩方《せんぱいがた》やほかの水族館の工夫を参考にして、自分でも試行錯誤《しこうさくご》しながら学んでいます。また、調査研究にかかわっているウミガメをはじめ、水生生物全般《ぜんぱん》のことを、専門書や論文を読んだりして勉強しています。

水族館の飼育員の専門性

Q どうすればなれる?

大学や専門学校で、水生生物の生態や飼育《しいく》のことを学んでから、水族館の採用選考を受けるのが一般的《いっぱんてき》だ。「動物」「海洋」「水産」「生命科学」などのキーワードで、学校を探してみよう。飼育《しいく》員は欠員が出たときに募集《ぼしゅう》するのが基本で、毎年採用があるわけではない。このため水族館の職員募集《ぼしゅう》には、全国から志願者が集まる。人気職種であることは頭に入れておこう。

Q 何を勉強しておくとよい?

遺伝子から生態系まで、生物の不思議をさまざまな角度から発見しておくと、飼育《しいく》員になってからの発信に活かせるはずだ。海や川、海岸や川辺の成り立ちや特性も理解しておこう。

Q ほかに大切なことは?

鈴木さんがあげるのは「生き物が好き」という気持ち。その気持ちをもって、授業で学ぶだけでなく、ふだんから生き物をよく「観察」して、みずから特徴《とくちょう》や習性を発見していこう。

めざせ、自分のレベルアップ!

生き物が好き | **観察力** | **発信力**

PICK UP

自然や科学との出会いを促す理科

日々の観察で異変を察知できるように

水族館の飼育《しいく》員のように、生き物の世話をしながら自然や科学の魅力《みりょく》を届ける仕事では、**生き物をよく観察し、異変を早めに察知すること**が求められる。病気や争いなどの問題を防いでいくためだ。魚を飼育《しいく》する鈴木さんは、「日々の観察で『なんか変だな』と感じたら、その直感を信じてみる」ことを大事にしているという。

「水槽《すいそう》を見回るときは、**種類ごとの『体のつくりや習性』、飼育《しいく》を通して把握《はあく》した『目の前の個体や群れの特性』を頭に入れて、魚を観察**します。そのなかで『エサの食いが悪い』『泳ぎ方が変』『いつもと違《ちが》う場所にいる』『ある個体だけおかしい』など気になる点があれば、つぎにどうするかを考えます。まず行うのは、**ともに観察している仲間と話し合う**ことです。たがいに問題に感じる部分があれば、そこに着目し

■生き物をどうやって観察する?

- 個体と個体を比べる
- 複数の人の目で観察する
- 群れの特性をつかむ
- ポイントをしぼって観る
  - 大きさ、色、形、動き、場所、食など
- 生活環境までとらえる

てより注意深く観察します」

結果、病気や争いなどの課題が明らかになれば、解決策を考える。水槽《すいそう》の水またはエサに薬を混ぜたり、海水魚を数分だけ淡水で泳がせ、体に付着する寄生虫を駆除《くじょ》する「淡水《たんすい》浴」をしたり。攻撃的《こうげきてき》な個体を隔離《かくり》したり、襲《おそ》われる魚の隠《かく》れ家となる造形物を水槽《すいそう》の中に増やしたり。

生き物の繁殖《はんしょく》や地球環境《かんきょう》の調査も

遺伝子や生態系の知見をもって、生き物の繁殖《はんしょく》をサポートすることや、地球環《かん》境《きょう》を調査することも飼育《しいく》員の役目だ。

たとえば鈴木さんのいる「アクアワー

ルド・大洗」は、サメの飼育《しいく》種類数で日本一を誇《ほこ》っていて、鈴木さんの上司は大学との共同研究で、絶滅《ぜつめつ》危《き》惧《ぐ》種のサメ「シロワニ」の繁殖《はんしょく》を国内で初成功させたという。

鈴木さん自身は、ウミガメのストランディング（漂着《ひょうちゃく》）の調査研究にたずさわっている。ウミガメが死亡または衰弱《すいじゃく》して、海岸に打ち上げられることがある。そのさいに現場にかけつけ、大きさを測ったり、死因を解剖《かいぼう》で特定したりするのだ。そこで得た情報を、ウミガメの生態の解明や保護、自然環境《かんきょう》の変化の把握《はあく》に役立てる。

「学生のときはウミガメを専門にしていなかったので、勉強し直してるところです」

尽《つ》きることのない生き物への好奇心《こうきしん》を

勉強するのは調査研究のためだけではない。**自然や科学が好きな人の「なぜ？」「どうして？」の疑問に答え、楽しんでもらう**ためでもある。飼育《しいく》員は、館内や外部での生き物の解説、展示の説明やホームページのコラムなども担当するからだ。

「先日も県立図書館でウミガメ好きの方々にお話をしたのですが、『なぜ砂浜で卵を産むの？』などの質問に、十分な科学的根拠《こんきょ》をもって答えきれなかった部分があって。

水槽の掃除のようす

もっと勉強しないとダメだと思いました」

　飼育《しいく》員にいちばん必要なものといえば、「生き物が好き」という気持ちではないか、と鈴木さんは感じているという。

「見た目やしぐさがかわいいから好き、ということではなくて、進化の過程に関心もあれば、種の多様性にもわくわくし、『こんなところでこう暮らしているんだ』という生態にもときめくような、全部ひっくるめて『生き物が好き』という感覚ですね。その気持ちがあれば、生き物のことを自分がもっと知りたいので、飼育《しいく》のスキルや、発信のための知識も、おのずと高めていけるように思います」

出会いの演出編

アニマルトレーナー

動物のお世話をしながら、ショーのためのトレーニングや、人とふれあうためのトレーニングを行う。水族館のイルカやアシカのトレーナー、動物園のフクロウやタカのトレーナー、飼《か》い犬をあずかってしつけるトレーナーなどがいる。似た分野では、競走馬にかかわる「厩務員《きゅうむいん》」や「調教師」という仕事もある。

植物園・昆虫《こんちゅう》館の職員

植物や昆虫《こんちゅう》の世話と調査研究をしながら、展示やガイドでその魅力《みりょく》も伝える。

自然科学系博物館の職員

科学館をはじめ、宇宙・地球・古代生物など自然科学の展示をする博物館で働く。

動物園の飼育《しいく》員

動物の世話と調査研究をしながら、展示の工夫やガイドでその魅力《みりょく》も伝える。

動物や植物の卸販売《おろしはんばい》業者

動物園や水族館、植物園に新たに加わる生物を、国内外で手配して運び届ける。

こんな仕事もある!

花屋さん

生花店や園芸店で、切り花や鉢花《はちばな》、観葉植物などを販売《はんばい》する。市場での花のセレクトや買いつけから、店内での植物の手入れまで、幅広《はばひろ》い花や植物の知識が問われる。また、お客さまときちんとコミュニケーションを取って、要望に沿った花束《はなたば》やアレンジを実現する技術も必要になる。

ペットショップの店員

犬や猫《ねこ》、鳥、爬虫類《はちゅうるい》、魚、昆虫《こんちゅう》など、店内の生き物の世話と接客をになう。

科学系メディアのクリエーター

科学系の出版社・映像会社・芸能事務所などに所属し、教材や作品をつくる。

中学校・高校教師(理科)

理科の授業を担当し、講義や対話、実験などで、自然科学の醍醐味《だいごみ》を共有する。

図書館の司書

自然科学から人文学まで幅《はば》広《ひろ》い分野の本を図書館にそろえて、利用者に届ける。

10代の挑戦！ 出会いの演出編

❶ 決めた生き物をくり返し観察

植物や昆虫《こんちゅう》（節足動物のひとつ）、スズメやカエルなどの野生動物、またはペットや家畜《かちく》。ふだんからよく見かける生き物をひとつ選び、くり返し観察してみよう。形や動きの特徴《とくちょう》、環《かん》境《きょう》面の特徴《とくちょう》などをぜひ見つけてほしい。

❷ 着目・分析《ぶんせき》「飼育《しいく》員の発信内容」

水族館や動物園に行ったら、飼育《しいく》員が作成した展示パネルや、口頭での解説を分析《ぶんせき》してみよう。お客さまが生き物により興味をもって楽しめるよう、「どんな切り口から何を発信しているか」。生き物をとらえる視野が広がるし、友だちや家族に対しても生き物の魅力《みりょく》をさまざまな角度から伝えられるようになる。

❸ 着目・分析《ぶんせき》「飼育《しいく》員の展示の工夫」

最近の水族館や動物園は「生き物」だけでなく「多様な生き物が暮らす自然環境《かんきょう》」にもふれられる場にしようと努めている。館や園の空間をどう進化させようとしているのか、ぜひ現場でたしかめたり、本やネットで調べたりしてみてほしい。

7章

この世界のなぞに迫る

INTERVIEW

天文学者

観測や理論の構築で宇宙のなぞに迫る

国立天文台《こくりつてんもんだい》
助教

原田ななせさん

アメリカの大学院で天文学を学び、ドイツと台湾《たいわん》の研究所をへて、国立天文台の研究職員に。アルマ望遠鏡による観測プロジェクトでは、世界中の天文学者と共同で研究を進め、３人のチームリーダーのうちの一人を務めた。

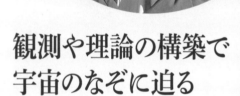

疑問を解く術《すべ》を手にして

「この世界って、なにか偶発的《ぐうはつてき》にものごとが起こっているように見えるんだけど、ほんとうは『規則性』があるんだな、と。それがすごくおもしろいと思ったのです」

天文学者の原田ななせさんは、「高校の物理の授業」をきっかけに、自然科学に興味をもったという。子どものころから、目の前の自然現象に疑問をもつことが多かった。「虹《にじ》の色ってなんなの」「どうして空は青いの」というように。その疑問は長らく疑問のままだったが、高校で物理を習い、そうした現象を物理法則から解き明かせることを知ったのだ。

「物理が疑問に答えてくれたことで、この世界が『なんでそうなっているのか』をもっと追いかけてみたくなりました」

好奇心《こうきしん》に火がついた原田さんは、物理を中心に幅広《はばひろ》い教養を学べるアメリカの大学に進学。大学院にも進み、教育や研究のアシスタントを務めてお金を得ながら、勉強に打ち込《こ》んだ。その中で、専門に研究する分野に定めたのが、宇宙のなぞに迫《せま》る天文学だった。「物理という言語を使って、この世界のストーリーを描《えが》きだす学問」と感じたからだという。

大学院を出ると、ドイツの天文学研究

所に3年、台湾の研究所に6年勤務。そのあとで日本に帰国し、国立天文台の研究職員となり、現在、原田さんは、星が生まれる銀河の活動などを研究している。

「宇宙には、私たちが住む『天の川銀河』以上に、よりたくさんの星がつくられている銀河があります。そうした銀河の爆発的《ばくはつてき》星形成がどうやって始まり、どのように終わるのかを、『星をつくる材料』となる分子を調べて研究しています」

さて、この説明を不思議に思った人はいないだろうか。分子とは、いくつかの原子が結びついた粒《つぶ》のことだ。炭素原子(C)と酸素原子(O)が結びついた二酸化炭素の分子(CO_2)のように。それら分子はとても小さいはずだが、遠くの銀河にある分子をなぜ調べることができるのだろう? ……このなぞに迫《せま》るには、光と電波の話から始めないといけない。

観測結果から物語をつむぐ

光には、目に見える「可視光線」と、赤外線のように「目に見えない光」がある。また、光と同じ仲間に、テレビやラジオの放送にも使われる「電波」がある。これらはどれも「空間を波のように伝わるエネルギー」であり、実はこの宇宙に存在するあらゆるものは、波のように伝

アルマ望遠鏡で見る銀河の分子たち
棒渦巻銀河 M83

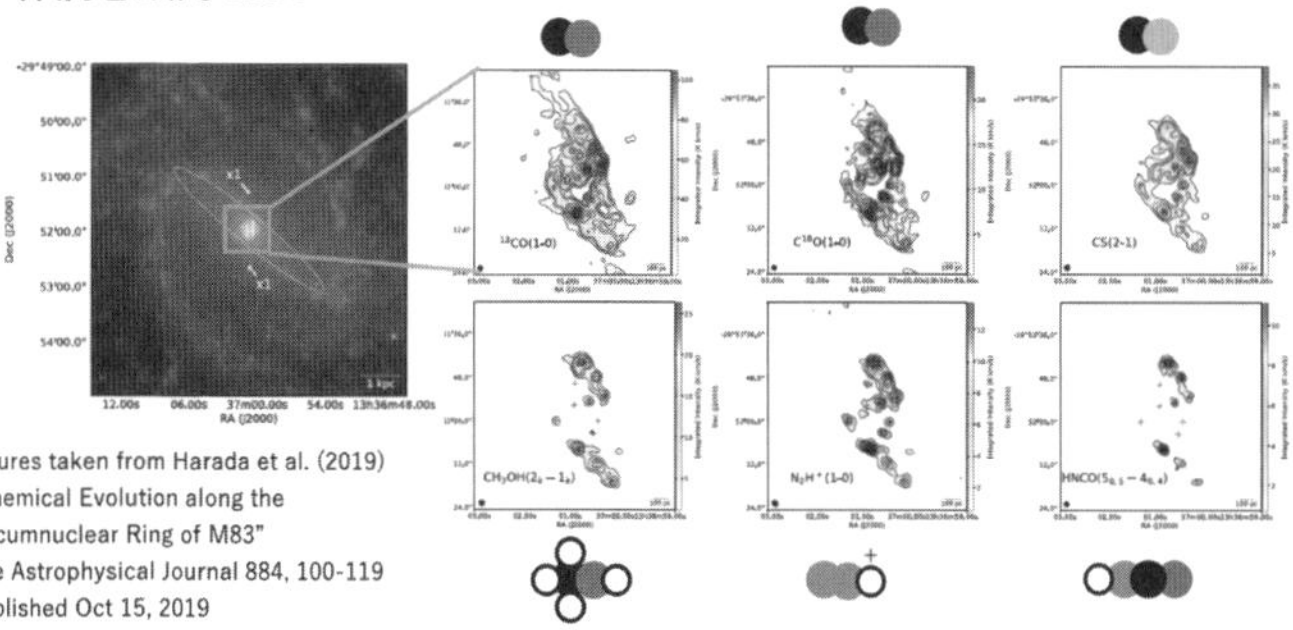

Figures taken from Harada et al. (2019)
"Chemical Evolution along the Circumnuclear Ring of M83"
The Astrophysical Journal 884, 100-119
Published Oct 15, 2019

　取材先提供

わる何らかのエネルギーを放っている。

たとえば人間は目には見えないが赤外線を発している。だから「赤外線をとらえるサーモグラフィー」という装置《そうち》を使えば、人の出す赤外線を映像で見ることができる（赤や緑からなる人型の赤外線映像を見たことがある人は多いはずだ）。

同じように、宇宙空間にある分子は、分子のタイプごとに異なる電波を発している。だから「電波をとらえる電波望遠鏡」を使えば、銀河から地球にはるばる届いたそれぞれの分子の電波を、映像で見ることができる。こうした観測装置《そうち》を使い、上のスライドのように、宇宙空間の分子をとらえていくのだ。

では、分子のようすがわかると、そこから宇宙の何が見えてくるのか。

「星というのは、宇宙空間のガスや塵《ちり》が集まって密度が濃《こ》くなり、重力的に収縮して誕生《たんじょう》します。そのさいに『どんな反応が起こり、どういう分子が増えるか』は各段階で違《ちが》います。また、超新星爆発《ばくはつ》など外部のエネルギーによっても分子の組成は変わります。裏を返せば、銀河のどこにどの分子があるかわかれば、その分子のタイプから銀河で何が起きたかを推察できるわけです。電波望遠鏡の観測で、特徴的《とくちょうてき》な分子をいくつも確認できたことで、『銀河をただよう分子ガスの二つの流れがぶつかり、衝撃波《しょうげきは》が生じ、それによって下の空間が圧縮され、星の形成が誘発《ゆうはつ》されたのでは』というシナリオを、根拠《こんきょ》をもって描《か》くことができました」

宇宙を見すえる仲間とともに

こうした銀河の観測は、南米の国チリの標高５０００ｍのところにあるアルマ望遠鏡を使って行われた。誰《だれ》もが自由に使える望遠鏡ではない。原田さんは世界中の天文学者20名以上とプロジェクトチームを組み、何のためにどんな観測をするか計画を立て、意義を認めてもらうこ

アルマ望遠鏡　　　　国立天文台アルマ望遠鏡ウェブサイトより
ALMA (ESO/NAOJ/NRAO), A. Marinkovic/X-Cam

とで、アルマ望遠鏡の観測を実現させた。このプロジェクトは「尊敬できる研究者」との出会いを含《ふく》め、原田さんにとって得がたい経験になったという。

「研究をしていてうれしいのは『これはこういうことだったんだ』というストーリーが見えてきて、前に進めたときです。ただ、研究の楽しさという点でいえば、まだ結果は出ていないけれど、いろいろな人と『これってどういうことかな』とああだこうだ言っている時間も楽しいなあ、と思うんですよね。今後もより若い世代も巻き込《こ》みながら、天文学の研究をみんなで推し進めていきたいです」

原田さんの昔と今の学び

Q どんな子どもだった？

自然の多いまちで育ち、林の中で遊んだりしていました。その中で、光や音の自然現象に疑問を抱《いだ》くようになりました。

Q 理科をどのように勉強していた？

授業で話を聞くときは、「なんでこうなっているのかな」というストーリーを自分がちゃんと納得できるようにしようと意識していました。理解が深まったら、あとは問題を解いて。高校の物理の問題を解くうえでは、数学の勉強で難問に挑戦《ちょうせん》し、基礎《きそ》の思考力を鍛《きた》えたことも役立ったと感じています。

Q 好きだった教科や活動は？

数学です。高校のときの数学の先生が挑戦《ちょうせん》しがいのある問題をストックされていて、興味がある人に配ってくれていたんです。それをなんとかして解こうとし、よく質問にも行きました。

Q 今は何をどう学んでいる？

世界中の科学者の論文が毎日世に出るので、それらが保存されるネット上のアーカイブ（史料館）を見て、どんな論文が出たかをチェック。また、自分の興味に関連する過去の論文も読み込《こ》んで、天文学の研究に必要だと思うことを学んでいます。

天文学者の専門性

Q どうすればなれる?

一般的《いっぱんてき》には、大学の理学部などに進学し、自然の仕組みを解き明かすような学問にふれることだ。「天文学専門のコース」を置く大学もあれば、「物理学のコースで宇宙や原子など幅広《はばひろ》い分野を学び、卒業研究で天文学の研究ができる」大学もある。そこから大学院にも進んで専門性を高め、そのうえで国内や海外の研究所、大学の研究室などで働くことをめざそう。

Q 何を勉強しておくとよい?

高校の理科の科目で、天文学との重なりが大きいのは「地学」。ただし大学で天文学を学べるところは、基本「物理」が受験の必須《ひっす》科目になっているものだ。

Q ほかに大切なことは?

原田さんがまっさきにあげるのが「好奇心《こうきしん》」。このほか、研究の中で困難にぶつかっても「忍耐強《にんたいづよ》く考え続ける」ことや、仲間と「建設的に意見を出し合う」ことも大事だという。

めざせ、自分のレベルアップ!

好奇心	思考忍耐力	建設的意見

PICK UP

世界のなぞを解き明かすための理科

自分も周囲もわくわくする研究を

天文学者や生物学者、化学者など「科学者」と呼ばれる人たちは、興味をもったことを深く掘《ほ》り下げることを仕事にしている。そこでまず問われるのは、**この世界への強い好奇心《こうきしん》**だ。また、研究を続けていくには周囲のサポートも必要になる。資金を提供してもらったり、観測や実験の装置《そうち》を使わせてもらったりする、というように。

この好奇心《こうきしん》とまわりの支持、両方を保つうえで鍵《かぎ》となるのが、**めざすことを実現できる可能性が十分にあり、新しさもある研究に取り組む**ことだ。研究課題が壮大《そうだい》すぎたり複雑すぎたりすると、何から手をつければいいか自分でもわからず、気持ちが萎《な》えかねない。実現性に乏《とぼ》しいと、まわりの期待もしぼむ。また、誰《だれ》かがもうやっている研究の二《に》番《ばん》煎《せん》じでも関心は薄《うす》れる。だから、興味ある分野で過去にどんな研究があ

■日本が運営にかかわるおもな望遠鏡

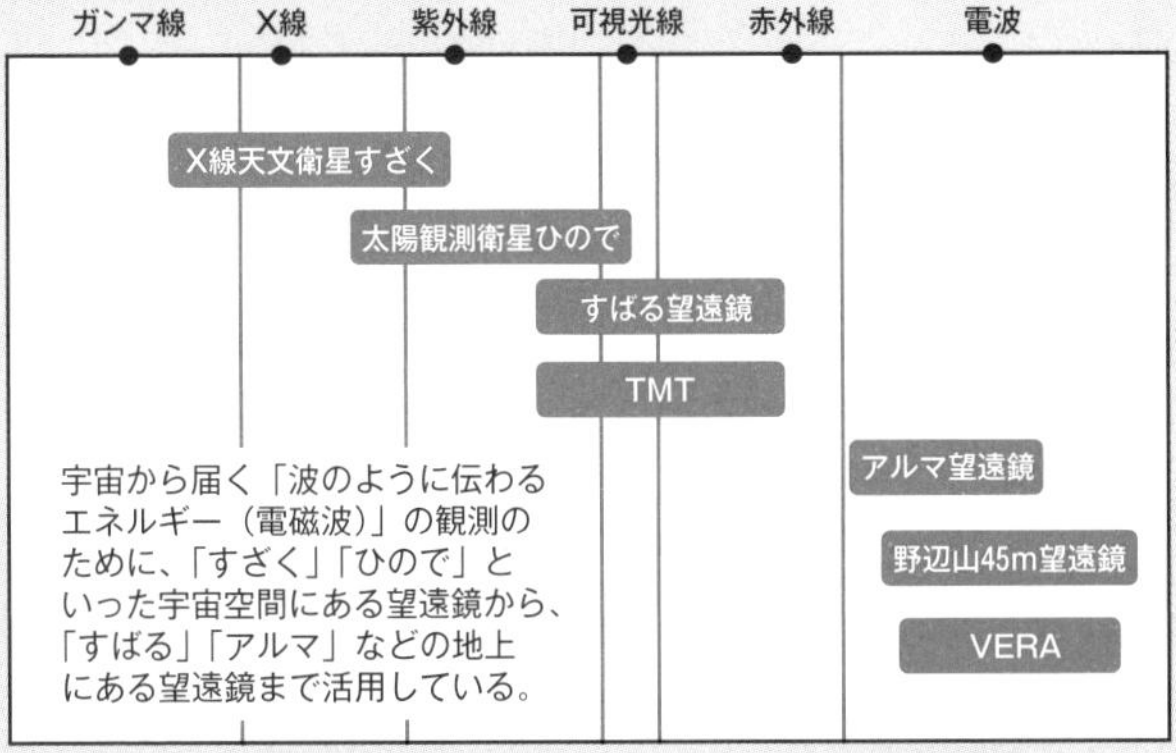
ガンマ線
X線
紫外線
可視光線
赤外線
電波
X線天文衛星すざく
太陽観測衛星ひので
すばる望遠鏡
TMT
アルマ望遠鏡
野辺山45m望遠鏡
VERA
宇宙から届く「波のように伝わるエネルギー（電磁波）」の観測のために、「すざく」「ひので」といった宇宙空間にある望遠鏡から、「すばる」「アルマ」などの地上にある望遠鏡まで活用している。

出典：国立天文台のWebサイト「多波長で観る宇宙」の一部を抜粋し作成

ったか調べて、今までに明らかになったことも活かして未知の課題に挑《いど》んでいこう。なおかつ、その**未知の課題をどうやって検証するかもきちんと計画しよう。**

天文学者の原田さんがアルマ望遠鏡による銀河の観測に挑《いど》んだときも、まさにこうした計画づくりから始めたという。

「観測研究では、望遠鏡などを有する天文台や研究所に『観測提案書』をまず提出するんです。この研究はこういう理由で重要であり、ここを明らかにできないかをこんな観測で検証したい。データの収集にはこの条件が必要で、これだけの観測時間がほしい。そうした提案書を出し、採択《さいたく》されると、観測が実現するのです。計画段階では、文献《ぶんけん》をよく読み、『過去の研究を踏《ふ》まえると、この観測でこんな結果を得られるはず』などと仮説をしっかりと立てて、見通しをもって観測できるようにすることを大事にしています」

頭の中でも仲間との議論でも発想を広げて

実際に観測が始まったら、得られた情報を分析《ぶんせき》・解釈《かいしゃく》して、この世界にひそむ規則性や関係性に迫《せま》るストーリーを思い描《えが》いていく。「AとBがこういう結果になったことから、AとBにはこんな関係性があるのではないか」などと。こうした考察では、原田さんは「最初の仮説に頼《たよ》りすぎない」ことを心がけるという。

「最初の仮説にとらわれすぎると、ほかの可能性を見過ごすからです。データを分析《ぶんせき》するときは、『こんな可能性もあんな可能性も考えられる』と、仮説1、仮説2、仮説3と考えを広げたうえで、それぞれの妥当性《だとうせい》を吟味《ぎんみ》します」

考えに考えて見いだした研究の成果は、背景・手法・結果・議論（考察）・結論のながれで、論文やレポートにまとめて発表。ほかの研究者からも意見をもらい、研究

ALCHEMI プロジェクト
まとめ役(PI)
• 錬金術という英語 alchemyをもじった観測プロジェクト(ALMA Comprehensive High-resolution Extragalactic Molecular Inventory; アルマ包括的高解像度系外銀河分子目録)
• ALMA 大型プログラムの一つ
• 国際的チーム　（チリ、アメリカ、日本、スウェーデン、台湾、ドイツ、スペイン、イギリス、オランダ）
+ 他多数

取材先提供

のさらなる進展をめざす。科学者にはそうやってたがいに協力し合う一面があり、だから原田さんは「建設的にものを言う」ことを大事にしたいという。

「ほかの研究者の取り組みのよいところは褒《ほ》めて、おかしな点があれば『ここに注意が必要では？』などと、ただの否定ではない、相手が気づきを得られるような指摘《してき》をする。今までに出会った尊敬できる先生方はみなそうされていたので、私もその姿勢を見習っていきたいのです」

仲間とも力を合わせて、世界のなぞに迫《せま》っていく。その輪に加わるなら、あなたは何を解き明かしたくなるだろう？

なぞ解き編

化学者

この世界のさまざまな物質の構造や性質、物質と物質のあいだで起きる変化や反応を研究。新しい物質の創造に挑《いど》むこともある。大学・国の研究所では、将来いろいろな可能性が生まれそうな物質の基礎《きそ》研究が中心。企業《きぎょう》の研究所では、3章の化粧品《けしょうひん》研究開発者のように、製品化を見すえた研究が軸《じく》になる。

物理学者

宇宙や地球環境《かんきょう》、生命活動、微細《びさい》な世界の現象などにひそむ法則性を見いだす。

地質学者

地球にある鉱物や岩石、地層などを科学的に調べ、地球の歴史や構造に迫《せま》る。

海洋学者

海で起こる自然現象の解明や、海の中の物質や生物、地質の研究を進める。

農学者

農業の生産性や持続性を高めるために、作物栽培《さいばい》や畜《ちく》産《さん》のことを研究する。

こんな仕事もある!

生物学者

生物のことを研究する。陸海空の脊椎《せきつい》動物から、昆虫《こんちゅう》や甲殻《こうかく》類といった無脊椎《むせきつい》動物、植物、菌《きん》類などの微生物《びせいぶつ》まで、ひと口に生物といっても対象は幅広《はばひろ》い。また、生物を最小単位の分子レベルから解明しようとする研究や、地球の生態系をとらえようとする研究、生物の進化に迫《せま》る研究など、切り口もさまざまだ。

薬理学者

人のつくりだした薬が、生体にどう作用するか研究し、さらなる創薬をめざす。

古生物学者

恐竜《きょうりゅう》などの過去にいた生物の化石を発掘《はっくつ》して研究し、生物の進化や歴史に迫《せま》る。

心理学者

人間をはじめとする生物の意識や行動を、理論の構築や実験によって研究する。

言語学者

言語の中にある規則性や、人が言語を覚えていくメカニズムなどを研究する。

10代の挑戦！なぞ解き編

❶ 応援《おうえん》される研究計画をつくる

夏休みの自由研究や、課題研究や探究の授業のときに、「何の課題にどんな仮説をもって取り組み、どう検証するか」という計画をつくってみよう。そしてそれを周囲の人に見せてみよう。反応が悪いとがっくりしてしまうだろうが、科学者もそうしたハードルを乗り越《こ》えて研究している。

❷ 想定外の結果も物語にする

理科の実験や自由研究は「こうなるかな」という目算をもって進めるが、もし想定外のことが起きたなら、「なぜそうなったのか」とそこにも物語を見いだそう。いろいろな可能性を考えることが研究では大切だ。

❸ 研究装置《そうち》にわくわくしてみる

さまざまな望遠鏡や顕微鏡《けんびきょう》、物質を分離《ぶんり》できる装置《そうち》など。観測や観察、実験に使える最先端《さいせんたん》の装置《そうち》を調べてみよう。「そんなことができるなら、こういう研究をしてみたい！」とあなたの夢《ゆめ》が広がるかもしれない。

あとがき

理科という科目には「発見」や「創造」ということばが似合うなあ、と、今回の取材を通してしみじみと思いました。すてきなものや注意すべきものを、自分のためやみんなのために発見したい。今までの限界を超《こ》えるものを、この手で創造したい。そんな情熱をもって知識を学び、仮説と検証のくり返しでものごとを前に進めていく。あなたが理科を勉強する理由にも、「テストがあるから」という身近なハードルとあわせて、「発見や創造をしたいから」という思いが加わるとよいな、と思っています。

本書をまとめるにあたっては、誌面にご登場いただいた、中森剛志さん、水谷花那子さん、早瀬はるなさん、杉山貴英さん、門岡みずほさん、鈴木理仁さん、原田ななせさんや、その取材の調整をしてくださったみなさまに、たくさんのお力添《ちからぞ》えをいただきました。この場を借りてお礼申し上げます。ありがとうございました。

著者

［著者紹介］

松井大助（まつい だいすけ）

フリーランスライター。1976年生まれ。編集プロダクションを経て独立。医療・法律・会計・福祉等の専門職から企業や官公庁の仕事まで、多様な職業紹介の本を手がける。教育誌『キャリアガイダンス』（リクルート）では「教科でキャリア教育」の連載を10年担当。著書に『５教科が仕事につながる！』『会社で働く』（ともにぺりかん社）など。

なるにはBOOKS 教科《きょうか》と仕事《しごと》

理科《りか》の時間《じかん》 学校《がっこう》の学《まな》びを社会《しゃかい》で活《い》かせ！〔新版《しんぱん》〕

2024年 6月15日 初版第1刷発行

著者 松井大助

発行者 廣嶋武人

発行所 株式会社ぺりかん社

〒113-0033 東京都文京区本郷1-28-36

TEL 03-3814-8515（営業）

03-3814-8732（編集）

http://www.perikansha.co.jp/

印刷・製本所 株式会社太平印刷社

ISBN978-4-8315-1670-1 Printed in Japan

【なるにはBOOKS】ラインナップ　税別価格 1170円〜1700円

1 パイロット
2 客室乗務員
3 ファッションデザイナー
4 冒険家
5 美容師・理容師
6 アナウンサー
7 マンガ家
8 船長・機関長
9 映画監督
10 通訳者・通訳ガイド
11 グラフィックデザイナー
12 医師
13 看護師
14 料理人
15 俳優
16 保育士
17 ジャーナリスト
18 エンジニア
19 司書
20 国家公務員
21 弁護士
22 工芸家
23 外交官
24 コンピュータ技術者
25 自動車整備士
26 鉄道員
27 学術研究者（人文・社会科学系）
28 公認会計士
29 小学校教諭
30 音楽家
31 フォトグラファー
32 建築技術者
33 作家
34 管理栄養士・栄養士
35 販売員・ファッションアドバイザー
36 政治家
37 環境専門家
38 印刷技術者
39 美術家
40 弁理士
41 編集者
42 陶芸家
43 秘書
44 商社マン
45 漁師
46 農業者
47 歯科衛生士・歯科技工士
48 警察官
49 伝統芸能家
50 鍼灸師・マッサージ師
51 青年海外協力隊員
52 広告マン
53 声優
54 スタイリスト
55 不動産鑑定士・宅地建物取引士
56 幼稚園教諭
57 ツアーコンダクター
58 薬剤師
59 インテリアコーディネーター
60 スポーツインストラクター
61 社会福祉士・精神保健福祉士
62 中小企業診断士
63 社会保険労務士
64 旅行業務取扱管理者
65 地方公務員
66 特別支援学校教諭
67 理学療法士
68 獣医師
69 インダストリアルデザイナー
70 グリーンコーディネーター
71 映像技術者
72 棋士
73 自然保護レンジャー
74 力士
75 宗教家
76 CGクリエータ
77 サイエンティスト
78 イベントプロデューサー
79 パン屋さん
80 翻訳家
81 臨床心理士
82 モデル
83 国際公務員
84 日本語教師
85 落語家
86 歯科医師
87 ホテルマン
88 消防官
89 中学校・高校教師
90 動物看護師
91 ドッグトレーナー・犬の訓練士
92 動物園飼育員・水族館飼育員
93 フードコーディネーター
94 シナリオライター・放送作家
95 ソムリエ・バーテンダー
96 お笑いタレント
97 作業療法士
98 通関士
99 杜氏
100 介護福祉士
101 ゲームクリエータ
102 マルチメディアクリエータ
103 ウェブクリエータ
104 花屋さん
105 保健師・養護教諭
106 税理士
107 司法書士
108 行政書士
109 宇宙飛行士
110 学芸員
111 アニメクリエータ
112 臨床検査技師
113 言語聴覚士
114 自衛官
115 ダンサー
116 ジョッキー・調教師
117 プロゴルファー
118 カフェオーナー・カフェスタッフ・バリスタ
119 イラストレーター
120 プロサッカー選手
121 海上保安官
122 競輪選手
123 建築家
124 おもちゃクリエータ
125 音響技術者
126 ロボット技術者
127 ブライダルコーディネーター
128 ミュージシャン
129 ケアマネジャー
130 検察官
131 レーシングドライバー
132 裁判官
133 プロ野球選手
134 パティシエ
135 ライター
136 トリマー
137 ネイリスト
138 社会起業家
139 絵本作家
140 銀行員
141 警備員・セキュリティスタッフ
142 観光ガイド
143 理系学術研究者
144 気象予報士・予報官
145 ビルメンテナンススタッフ
146 義肢装具士
147 助産師
148 グランドスタッフ
149 診療放射線技師
150 視能訓練士
151 バイオ技術者・研究者
152 救急救命士
153 臨床工学技士
154 講談師・浪曲師
155 AIエンジニア
156 アプリケーションエンジニア
157 土木技術者
158 化学技術者・研究者
159 航空宇宙エンジニア
160 医療事務スタッフ
161 航空整備士
162 特殊効果技術者
学部調べ 看護学部・保健医療学部
学部調べ 理学部・理工学部
学部調べ 社会学部・観光学部
学部調べ 文学部
学部調べ 工学部
学部調べ 法学部
学部調べ 教育学部
学部調べ 医学部
学部調べ 経営学部・商学部
学部調べ 獣医学部
学部調べ 栄養学部
学部調べ 外国語学部
学部調べ 環境学部
学部調べ 教養学部
学部調べ 薬学部
学部調べ 国際学部
学部調べ 経済学部
学部調べ 農学部
学部調べ 社会福祉学部
学部調べ 歯学部
学部調べ 人間科学部
学部調べ 生活科学部・家政学部
学部調べ 芸術学部
学部調べ 情報学部
学部調べ 体育学部・スポーツ科学部
学部調べ 音楽学部
学部調べ 心理学部
学部調べ 水産学部・畜産学部・森林科学部
学部調べ 建築学部

――以降続刊――

※一部品切・改訂中です。　2024.4.